beck'sche reihe

bsr

Jede Scheidung ist schlimm. Schlimm für die Ehepartner, noch schlimmer für die Kinder. Eine friedliche Scheidung wäre für alle Beteiligten die beste Lösung. Doch immer häufiger erlebt man, dass die Scheidung zum Anlass für einen „Rosenkrieg“ genommen wird, in dem man es dem Partner noch einmal richtig zeigen will. Dieser praktische Ratgeber hilft, üble Tricks bei der Trennung und Scheidung zu erkennen und sich erfolgreich dagegen zur Wehr zu setzen.

Dirk M. Sprünken ist Rechtsanwalt und Fachanwalt für Familienrecht.

Dirk M. Sprünken

Die schmutzigsten Scheidungstricks

und wie man sich dagegen wehrt

Verlag C.H.Beck

1. Auflage. 2001
2., aktualisierte Auflage. 2001

Originalausgabe

3., aktualisierte Auflage. 2004

Gesamtherstellung: Druckerei C. H. Beck, Nördlingen
Umschlagabbildung: © Zefa, Dave Cutler
Umschlagentwurf: +malsy, Bremen
Printed in Germany
ISBN 3 406 51951 2

www.beck.de

Inhalt

Anhang

Einführung

Liebe Leserin, lieber Leser,

Jede Scheidung ist schlimm. Schlimm für die Ehepartner, noch schlimmer für die Kinder. Eine friedliche Scheidung wäre für alle Beteiligten die beste Lösung, lässt sich jedoch häufig nicht realisieren. Immer häufiger erlebt man, dass die Scheidung zum Anlass genommen wird, es dem Ehepartner „noch mal so richtig zu zeigen" oder sich für die vielen wirklichen oder vermeintlichen Demütigungen während der Ehe zu rächen. Mit Kleinigkeiten fängt die Streiterei an, und schnell fassen beide Partner (mittlerweile erbitterte Feinde) dann in die Kisten mit schmutzigen Tricks. Dies alles ist menschlich.

Doch wehe dem, der sich in dieser Situation nicht zu helfen weiß.

Dieses Buch soll Ihnen helfen, schmutzige Tricks im Rahmen der Trennung und Scheidung zu erkennen und sich erfolgreich dagegen zur Wehr zu setzen.

Nach der Lektüre dieses Buches sollten dann eigentlich beide Partner eingesehen haben, dass einer friedvollen Trennung der Vorzug zu geben ist.

Und wenn nicht, ...

dann sind sie ab jetzt jedenfalls gut für einen „Rosenkrieg" gerüstet.

Essen, im Jahr 2000 *Dirk M. Sprünken*

Nachtrag

Wenige Monate nach Erscheinen ist die erste Auflage meines Scheidungsratgebers vergriffen. Dafür möchte ich mich bei allen Leserinnen und Lesern ganz herzlich bedanken. Es war für mich selbstverständlich, dass nach den Änderungen der Düsseldorfer Tabelle zum 1.7.2001 sowie einer für das Unterhaltsrecht maßgeblichen Entscheidung des Bundesgerichtshofes vom 13. Juni 2001 der geneigten Leserschaft nur eine aktualisierte Ausgabe nachgedruckt werden kann. Ich danke dem Verlag C. H. Beck, dass beim Nachdruck bereits sämtliche Änderungen eingearbeitet werden konnten.

Essen, im Juli 2001 *Dirk M. Sprünken*

Nachtrag

Nachdem nun auch die zweite Auflage nicht mehr erhältlich ist, hat mich der Verlag C. H. Beck gebeten, vor dem Druck der 3. Auflage eine Aktualisierung vorzunehmen. Dies ist geboten, da Gesetzgebung und Rechtsprechung die Materie wieder belebt haben, ich darf hier das Gewaltschutzgesetz und die neuen Unterhaltstabellen besonders hervorheben. Ich habe daher alle notwendigen Änderungen eingearbeitet, zur besseren Lesbarkeit aber rein rechtliche Ausführungen weitestgehend in die Anmerkungen verbannt.
Gefreut haben mich Rückmeldungen zu meinem Buch, die mir bestätigt haben, dass dieses Buch gerade nicht dazu verwendet wurde, Streitigkeiten zu schaffen oder auf besonders fiese Weise auszutragen, sondern quasi als Abschreckung gedient und einvernehmlichen Trennungen den Weg gebahnt hat. Hierzu mag auch die 3. Auflage wieder ihren Teil beitragen.

Essen, im November 2003 *Dirk M. Sprünken*

1. Trennung

Nun ist auch bei Ihnen eingetreten, was in immer mehr deutschen Ehen geschieht: Sie sind zu dem Entschluss gekommen, dass Sie Ihre Ehe beenden und die Scheidung einreichen möchten; dennoch kann nicht sofort ein Scheidungsverfahren eingeleitet werden. Das deutsche Recht will vermeiden, dass Ehegatten sich aus einem plötzlichen Streit heraus zur Auflösung der Ehe entschließen und dann, ohne diesen Beschluss ausreichend überdacht zu haben, geschieden werden. Das Gesetz sieht daher eine *Trennungszeit von mindestens einem Jahr* vor;[1] erst nach Ablauf dieses Trennungsjahres kann die Ehe geschieden werden. Nur in ganz besonders gelagerten Ausnahmefällen ist auch vor Ablauf des Trennungsjahres eine Scheidung möglich; angesichts der sehr strengen Rechtsprechung hierzu haben diese Fälle jedoch eher theoretischen Charakter. So kann zwar an eine kürzere Trennungszeit und eine folgende Härtefallscheidung gedacht werden, wenn ein Ehegatte den anderen permanent körperlich misshandelt, so dass dem misshandelten Ehepartner die Aufrechterhaltung der Ehe schlichtweg unzumutbar ist.[2] Doch auch wenn Ihnen selbst aus anderen Gründen die Situation ähnlich unerträglich erscheint, haben die Gerichte schon häufig entsprechende Anträge abschlägig beschieden. So betreuten wir einmal eine Mandantin, die zwei Tage vor der Geburt ihres fünften (!) Kindes still und heimlich von ihrem Mann verlassen wurde. Ein halbes Jahr lang konnte unsere Mandantin ihren Mann nicht ausfindig machen. Die Probleme, die die Frau hatte, die vier bereits vorhandenen Kinder sowie das inzwischen neugeborene Kind zu betreuen, bedürfen wohl keiner Erläuterung. Das Familiengericht in Essen wie auch das Oberlandesgericht in Hamm entschieden aber, dass das Verhalten des Ehemannes in diesem Fall noch keine so außergewöhnliche Härte darstellt, dass eine vorzeitige Scheidung in Betracht kommt. Auch hier musste das Trennungsjahr abgewartet werden.

Frage: „*Wie trenne ich mich richtig von meinem Partner? Muss ich aus der Wohnung ausziehen, oder kann man auch innerhalb derselben Wohnung getrennt leben?*"

Die Trennung, die das Gesetz vorschreibt, kann sowohl innerhalb der ehelichen Wohnung als auch durch Auszug eines Ehegatten stattfinden. Zieht einer der Ehegatten aus der Ehewohnung aus, lässt sich die Trennung relativ unproblematisch dokumentieren. Findet eine Trennung innerhalb der Ehewohnung statt, kann es häufig zu Streitigkeiten über den Zeitpunkt der Trennung kommen. Im Übrigen sind folgende Besonderheiten zu beachten.

1. Trennung innerhalb der gemeinsamen Wohnung

Die Trennung innerhalb der gemeinsamen Wohnung setzt zuerst einmal voraus, dass der Ehepartner überhaupt weiß, dass ebendiese stattfinden soll. Es gibt also kein „heimliches" Getrenntleben.[3] Die Trennungsabsicht sollte dem Partner daher ausdrücklich kundgetan werden. Darüber hinaus muss die Trennung innerhalb der ehelichen Wohnung aber auch faktisch vollzogen werden. Während in den 60er und 70er Jahren häufig darauf abgestellt wurde, ob die Eheleute noch Geschlechtsverkehr miteinander hatten, ist diese Frage heutzutage praktisch bedeutungslos geworden. Es kommt vielmehr darauf an, dass die Lebensbereiche der Ehegatten getrennt werden.[4] So hat jeder der Ehegatten Anspruch auf einen ihm zugewiesenen Raum, soweit dies möglich ist. Sollten bestimmte Räume gemeinsam benutzt werden müssen, können Benutzungsregelungen, möglicherweise auch mit festen Zeiten (z. B. für die Küchenbenutzung), vereinbart werden. Darüber hinaus darf keine gegenseitige Versorgung mehr stattfinden. Jeder Ehegatte hat daher für sich allein einzukaufen, zu kochen, zu waschen usw. Will die Ehefrau also von ihrem Ehegatten getrennt leben, sollte sie tunlichst vermeiden, gemeinsame Einkäufe zu tätigen oder ihren Gatten weiter zu bekochen, und auch das Waschen und Bügeln seiner Wäsche darf und muss der getrennt lebende Gatte allein für sich vornehmen. Mahlzeiten sollten nicht unbedingt gemeinsam eingenommen werden.[5] Versorgt die Ehefrau trotz angestrebter Trennung ihren Ehemann „aus Mitleid" weiter, so besteht die Gefahr, dass das Gericht eine Trennung in dieser Zeit nicht anerkennt.

Die Trennung in der ehelichen Wohnung wird häufig praktiziert, wird jedoch in den wenigsten Fällen bis zum Scheidungstermin durchgehalten. Die psychischen Belastungen beider Eheleute sind in der Regel so groß, dass es zu permanenten Auseinandersetzungen kommt. Benutzungsregelungen werden zum Teil missachtet, das gemeinsame Wohnen wird mehr und mehr zur Qual. Es kann nur dringend angeraten werden, dass sich einer der Ehegatten zum Auszug entschließt, so dass dann die Trennung in verschiedenen Wohnungen fortgeführt wird.

Problem: Die Frau will die Scheidung, der Mann versucht den Ablauf des Trennungsjahres zu vermeiden.
Trick: Der Mann stimmt der Trennung scheinbar zu, überredet aber die Frau, ihn noch mit zu versorgen. Er argumentiert, dass er ja nichts vom Haushalt verstehe und arbeiten müsse, um den Unterhalt für die Familie sicherzustellen; im Übrigen berühre dies ja die Trennung nicht. Er erklärt sich auch bereit, in der gemeinsamen Wohnung ein getrenntes Zimmer zu beziehen. Die Frau sieht insoweit kein Problem, kauft vom Wirtschaftsgeld weiter für die gesamte Familie ein und führt den Haushalt.
Folge: Das Trennungsjahr läuft nicht. Die Scheidung ist nicht nach Ablauf eines Jahres möglich. Früher hieß es immer: Trennung von Tisch und Bett. Heutzutage ist hauptsächlich der Tisch wichtig. Versorgt die Ehefrau den Mann weiter, kauft sie für ihn (mit) ein, kocht sie für die ganze Familie, wäscht sie seine Wäsche weiter, findet kein Getrenntleben statt.
Gegenmaßnahme: Keine Versorgung aus Mitleid! Ist die Entscheidung zur Trennung der Ehe getroffen, führen Mann und Frau getrennte Leben. Zwar kann ein solches Getrenntleben auch innerhalb der ehelichen Wohnung stattfinden, dann aber so, wie es etwa in einer Wohngemeinschaft üblich wäre. Jeder versorgt sich selbst, es findet lediglich eine gemeinsame Nutzung der Räume und Geräte statt. Leistungen, die die Frau hier noch für den Mann erbringt, gefährden die Trennung. Denkbar wäre jedoch, dass sich die Frau bestimmte Leistungen (Kochen, Bügeln usw.) ausdrücklich gesondert vergüten lässt. Eine solche Vereinbarung sollte ausdrücklich schriftlich getroffen werden und würde dann der Annahme eines gemeinsamen Wirtschaftens entgegenstehen.

2. Trennung durch Auszug eines Ehegatten, Rechte an der Wohnung und am Hausrat

Haben die Eheleute vereinbart, dass einer der Ehegatten auszieht, oder hat sich ein Ehegatte allein dazu durchgerungen, die eheliche Wohnung zu verlassen, so ist dies sicher ein erster Schritt, die Trennung in vernünftige Bahnen zu lenken.

Frage: *„Was aber ist, wenn mein Ehemann sich weigert, aus der Wohnung auszuziehen, ich aber kein Geld habe, um eine neue Wohnung anzumieten, und auch gar nicht weiß, ob ich so schnell eine finde, da ich noch drei Kinder betreuen muss?"*

Grundsätzlich gehen die Gerichte davon aus, dass es möglich sein muss, in der Ehewohnung auch getrennt zu leben.[6] Wird aber durch das Verhalten eines Ehegatten das Leben in der Wohnung unerträglich, so kann man durch ein gerichtliches Verfahren die Ehewohnung einem der Ehegatten zur alleinigen Benutzung zuweisen lassen.[7] Ein derartiges Verfahren ist in der Regel dann Erfolg versprechend, wenn die Ehefrau die Trennung begehrt, von früh bis spät die drei gemeinsamen Kinder betreut und der Ehemann durch Gewalttaten und Alkoholexzesse das weitere Zusammenleben unmöglich macht. Sofern der Ehemann nicht obdachlos zu werden droht, wird das Familiengericht in aller Regel in einem solchen Fall die Wohnung allein der Ehefrau zuweisen. Hier ist allerdings zu beachten, dass dem weichenden Ehegatten manchmal eine Räumungsfrist von ein bis drei Monaten zugebilligt wird.

Problem: Wie sichert sich die Frau (mit den Kindern) die Ehewohnung?

Trick: Die Frau wartet, bis der Ehemann freiwillig die Wohnung verlassen hat, und wechselt dann das Türschloss aus. Kommt der Mann nach Hause und klopft energisch an die Tür, nachdem er festgestellt hat, dass sein Schlüssel nicht mehr passt, ruft die Frau sofort die Polizei und berichtet von ihrem randalierenden Ehemann. Gelegentlich versucht die Frau dies noch zu überbieten, indem sie vorher

a) heimlich ihrem Ehemann beim Einwohnermeldeamt abgemeldet hat und / oder

b) ihren Kopf einmal heftig gegen die Wand schlägt, um den Polizisten die Beule zu zeigen, die ihr „der brutale Ehemann" beigebracht hat.

Folge: Die Polizei kommt, weist den „Randalierer" von der Wohnung und teilt ihm mit, dass er, sollte er nochmals vor der Tür der Frau auftauchen, über Nacht in Polizeigewahrsam genommen werde. Die Polizei weist den Mann dann darauf hin, dass er sich ja einen gerichtlichen Titel zum Wiederbetreten der Wohnung besorgen könne (und verschweigt meist, dass dies in der Regel mindestens vier Wochen dauert). Das Verhalten der Ehefrau erfüllt zwar diverse Straftatbestände, wird jedoch praktisch nie geahndet, da die Staatsanwaltschaft in derartig gelagerten Fällen selten ermittelt. Der Gesetzgeber hat hier offenbar Handlungsbedarf gesehen und mit dem Gesetz zum zivilrechtlichen Schutz vor Gewalttaten und Nachstellungen (kurz: Gewaltschutzgesetz) auch einen Rahmen geschaffen, mit dem ein Gericht den „Täter" bis zu sechs Monaten aus der Wohnung verbannen kann.

Gegenmaßnahme: Die Lage ist äußerst schwierig, wenn der Mann erst einmal von der Polizei abgeholt wurde. Da man das Verhalten der Frau nun aber nicht vorhersehen kann, gibt es praktisch keine Vorbeugung. Normalerweise stellt der Mann das Vorliegen der Situation erst an der Tür fest, wenn er sieht, dass der Schlüssel nicht passt. Jetzt muss der Mann richtig reagieren: auf keinen Fall brüllen, randalieren oder Ähnliches, vielmehr still verschwinden und erst einmal im Hotel einnisten. Am nächsten Morgen sollte der Betroffene über seinen Anwalt eine einstweilige Verfügung beantragen und den Sachverhalt an Eides Statt versichern. Dann sollte der „ausgesperrte" Ehegatte beim Einwohnermeldeamt prüfen, ob die Frau ihn bereits abgemeldet hat, und sich gegebenenfalls wieder zurückmelden. Anschließend heißt es abzuwarten, bis die Frau das Haus verlässt, und dann mit zwei Bekannten in die Wohnung einzudringen sowie selbst das Schloss auszutauschen. Mindestens einer der Bekannten sollte sich vorübergehend als Besuch in der Wohnung einquartieren, um eine Wiederholung des Vorgangs, diesmal durch die Ehefrau, zu verhindern. Vorsorglich sollte auch das Telefon gekündigt werden. Wenn dies möglich ist, sollte der Ehegatte die Wohnung nicht mehr freiwillig verlassen. Sollte die Ehefrau die Polizei benachrichtigen, zeigen Sie eine Kopie des Antrages vor, der bei Gericht gestellt ist, und teilen Sie der Polizei mit, wenn Ihre Frau Sie aus der Wohnung haben wolle, möge sie sich selbst einen entsprechenden Beschluss besorgen, ohne Titel habe jedoch die Polizei in der Wohnung nichts zu suchen. Nun wird auch klar, wozu der Bekannte benötigt wird: Die Polizei kann nur eingreifen, wenn eine Bedrohung der Frau erfolgt sein sollte; dass dies nicht der Fall war, sollte ein Dritter bestätigen können, da ansonsten die Polizei allein der Frau Glauben schenken könnte.

Frage: *„Wenn mein Ehemann auszieht, was darf er dann alles mitnehmen?“*

Der aus der Ehewohnung ausziehende Ehegatte darf grundsätzlich nur die Sachen mitnehmen, die ihm allein gehören und die nicht zum Hausrat gehören. Was aber nun ist „Hausrat“? Hausrat sind all diejenigen Gegenstände, die der gemeinsamen Lebensführung dienten. Also im Prinzip alles das, was beide Eheleute während der bestehenden Ehe gemeinsam benutzt haben. Hierzu gehört in der Regel die gesamte Wohnungseinrichtung, in bestimmten Fällen auch das Familienauto.[8] Der Hausrat oder Teile hiervon dürfen von keinem der Ehegatten eigenmächtig weggenommen werden; jeder der Ehegatten hat jedoch einen Anspruch darauf, dass der gemeinsame Hausrat geteilt wird. Eine endgültige Hausratsteilung findet in der Regel erst zum Zeitpunkt der Scheidung statt. Bereits vorher können jedoch Benutzungsregelungen getroffen werden. Als Grundsatz einer Hausratsteilung sollte Folgendes gelten:

Alles, was für die Kinder benötigt wird, bleibt bei dem Elternteil, der die Kinder betreut. Im Übrigen bleiben auch die Hausratsgegenstände bei demjenigen, der sie am dringendsten benötigt. Insgesamt sollte jedoch darauf geachtet werden, dass der Wert des Hausrates in etwa hälftig auf jeden Ehepartner verteilt wird. Eine Teilung des Hausrates kann notfalls auch vor Gericht erzwungen werden, endet aber selten mit dem gewünschten Ergebnis, führt meist nicht zu einer gerechten Teilung und sollte daher vermieden werden. Hier sind die Ehegatten gefragt, trotz der angespannten Situation einen Rest von Vernunft aufzubringen und eine gemeinsame Aufteilung durchzuführen.

Problem: Die Eheleute wollen sich vernünftig trennen; der Ehemann erklärt, er sei bereit, freiwillig auszuziehen. Der Mann zieht also kurzfristig zu einem Bekannten oder seinen Eltern oder nimmt sich ein Hotelzimmer.

Trick: Die Frau erklärt, dass man den Hausrat einvernehmlich teile, sobald der Mann endgültig eine neue Wohnung gefunden habe. Der Mann ist dankbar, dass er seine Sachen noch in der alten Wohnung lassen kann. Wenn er dann eine Wohnung findet, lässt sich plötzlich eine einvernehmliche Hausratsteilung nicht mehr vornehmen, und der Mann steht mit leeren Händen da.

Folge: Der Mann ist darauf angewiesen, während der Trennung eine vorläufige Zuweisung der Hausratsgegenstände bei Gericht zu beantragen. Dies bedeutet, dass er den gesamten Hauhalt penibelst auflisten und dem Gericht mitteilen muss, welche Gegenstände er warum zugewiesen erhalten möchte. Nun kann sich ein monatelanger Rechtsstreit über diese Zuweisung entwickeln, der Mann ist aber nicht in der Lage, ohne die Sachen einen eigenen Haushalt zu führen. Er kann auch nicht ohne weiteres Ersatzanschaffungen tätigen, da er nicht weiß, welche Sachen ihm letztlich tatsächlich zugewiesen werden.

Gegenmaßnahme: Mitnehmen, was sich mitnehmen lässt! Dies ist natürlich ebenfalls nicht korrekt, und es gibt dann einen Anspruch der Frau auf Rückführung der Sachen in die Ehewohnung. Dieser Anspruch ist aber genauso aufwendig und zeitraubend wie die zuvor beschriebene gerichtliche Zuweisung. Sollte die Ehefrau tatsächlich die Rückführung der Sachen beantragen, kann widerklagend immer noch eine Zuweisung einzelner Sachen an den Mann beantragt werden. Jetzt ist aber zumindest eine Pattsituation entstanden: Der Mann hat den Vorteil, dass er im Besitz der Sachen ist, die Frau hat den rechtlich besseren Anspruch und ist an einer schnellen Rückführung zumindest bestimmter Sachen interessiert, so dass sich in dieser Situation auch eine vernünftige Lösung verhandeln lässt.

Anmerkung: Persönliche Papiere, Urkunden, Versicherungsunterlagen, Kaufverträge usw. sollte man immer parat haben; also im Zweifel erst einmal sichern und dann später dem Partner Kopien zur Verfügung stellen.

3. Die Kinder: Sorge- und Umgangsrecht

Während der Ehe und auch während der Trennung verbleibt beiden Eltern in der Regel das gemeinsame Sorgerecht. Was aber nun, wenn einer der Ehegatten aus der ehelichen Wohnung auszieht? Wer betreut nun die Kinder, wer übt tatsächlich das Sorgerecht aus, und wann darf der Ehegatte, der die Kinder nicht betreut, diese sehen?

Bei allen Fragen, die im Zusammenhang mit der Kindesbetreuung und dem Umgangsrecht mit den Kindern gestellt werden, ergibt sich die Antwort immer aus der Frage: *„Was ist das Beste zum Wohl der Kinder?"* Die Kinder sollen von der Trennung und der Scheidung mit den häufig misslichen Begleiterscheinungen weitestgehend verschont bleiben. Das Leben der Kinder soll sich so wenig wie möglich ändern, auch sollen sie nicht voneinander getrennt werden. Sie sollen in der Regel ihren Freundeskreis behalten können, nicht unnötig die Schule wechseln müssen und weiterhin bestmöglich gefördert werden. In den Fällen, in denen die Ehefrau nicht oder nur teilzeitig gearbeitet hat und während der intakten Ehe die Kinder betreute, wird diese die Kinder auch während der Trennung und in aller Regel auch nach der Scheidung weiter betreuen. Führten die Ehepartner eine so genannte „Hausmannehe" und hatte der Mann die Aufgabe der Kindesbetreuung übernommen, so wird in diesen Fällen in aller Regel auch weiterhin er die Kinder betreuen. Derjenige, bei dem sich die Kinder in der Trennungszeit aufhalten, kann auch für die Kinder ein Unterhaltsverfahren führen,[9] so dass die finanzielle Versorgung der Kinder sichergestellt ist. Das heißt für den Fall, dass der Ehemann aus der Ehewohnung ausgezogen ist und die Ehefrau weiterhin die gemeinsamen Kinder betreut, diese im eigenen Namen für die Kinder Unterhalt vom Ehemann fordern kann, obwohl ihr die alleinige Sorge nicht übertragen ist.

Problem: Beide Elternteile wollen das alleinige Sorgerecht. Bis zu einer solchen Entscheidung vergeht jedoch viel Zeit. Wie kann man schon jetzt Unterhaltsansprüche für die Kinder geltend machen?
Trick: Zetteln Sie keinen Streit um das Sorgerecht an. Schlagen Sie dem anderen Elternteil das gemeinsame Sorgerecht vor, und kümmern Sie sich tatsächlich selbst um die Kinder, entlasten Sie den anderen Elternteil komplett von der Versorgung der Kinder.

Folge: Wer Unterhalt geltend machen will, muss die Kinder tatsächlich betreuen. Es kommt gar nicht darauf an, ob ein Sorgerechtsverfahren anhängig ist oder nicht, wichtig ist allein, dass sich die Kinder in der alleinigen Obhut eines der Elternteile befinden. Das heißt, wer die Kinder tatsächlich versorgt, sie bekocht, anzieht, mit ihnen die Schularbeiten macht usw., der kann auch den Unterhalt für die Kinder geltend machen (bis zur Scheidung sogar im eigenen Namen).
Gegenmaßnahme: Lassen Sie sich nicht entlasten. Achten Sie immer darauf, dass beide Elternteile die Kinder gemeinsam versorgen. Dann wird zumindest Naturalunterhalt erbracht, so dass ein Zahlungsanspruch eines Elternteils an den anderen nicht entsteht. Reißt die Versorgung ab, wird Barunterhalt geschuldet. Dies ist zum Teil der Grund, warum manchmal einer der Elternteile mit den Kindern die Wohnung verlässt. Da es nur auf die tatsächliche Versorgung ankommt, entsteht der Unterhaltsanspruch, egal, ob das Verlassen der Wohnung zu Recht geschah oder nicht. Dieser Themenkomplex wird später noch eingehend behandelt (s. S. 19).

Herrscht weiterhin Streit darüber, wer nun tatsächlich die Kinder betreuen solle, und ist die Ausübung der elterlichen Sorge *faktisch* nicht mehr möglich, da die anstehenden Entscheidungen permanent durch den anderen Sorgeberechtigten boykottiert werden, so kann durch gesondertes Verfahren auch während der Trennungszeit schon die elterliche Sorge vorläufig, nämlich bis zum Abschluss des Scheidungsverfahrens, auf einen der Ehegatten übertragen werden. In dringenden Fällen kann dies durch ein Eilverfahren erfolgen.

Der andere Elternteil hat jedoch, auch wenn ihm die elterliche Sorge vorläufig entzogen wurde, in aller Regel ein Recht auf den Umgang mit den gemeinsamen Kindern. Die Dauer und Häufigkeit des Umgangsrechtes richten sich nach dem Verhältnis zwischen dem umgangsberechtigten Elternteil und dem Kind sowie dem Alter des Kindes. Als Richtschnur mag dienen, dass ein Umgangsrecht in der Regel 14-tägig, jeweils samstags von 10.00 Uhr bis sonntags um 17.00 Uhr gewährt wird, darüber hinaus an jedem zweiten der mehrtägigen Feiertage sowie für einen Teil der großen Ferien. Ist das Kind noch sehr jung, kommt eine Verkürzung der Dauer des Umgangsrechtes in Betracht, dafür sollten häufigere

Besuchsregelungen angestrebt werden. Ist das Kind schon älter (14 Jahre oder älter), kann es Dauer und Häufigkeit der Umgangsberechtigung mitbestimmen. Es sollte aber hier im Interesse der Eltern liegen, stets eine einvernehmliche Regelung anzustreben, denn nur eine solche wird dem Wohle des Kindes wirklich gerecht.

Problem: Die Frau hat das Sorgerecht, möchte dem Mann jedoch kein Umgangsrecht einräumen. Der Mann hat daraufhin ein Umgangsrecht mit dem Kind vor Gericht erstritten und will dieses nun ausüben.

Trick: Die Umgangsrechtstitulierung kann faktisch unterlaufen werden, indem das Kind schlicht und ergreifend nicht herausgegeben wird. Es ist momentan kaum möglich, gerichtliche Umgangstitel vernünftig zu vollstrecken.[10] Eine solche Vollstreckung, die eigentlich über einen Gerichtsvollzieher erfolgen müsste, wird schlicht und ergreifend kaum praktiziert, Gewaltmaßnahmen gegen das Kind sind unzulässig.[11] Weigert sich die Frau, das Kind herauszugeben, findet in der Regel erneut ein Vermittlungsverfahren statt. Hier wird die Frau dann vortragen, aus welchen neuen, nach der letzten Verhandlung aufgetretenen Gründen die Ausübung des Umgangsrechtes nicht möglich war (z.B. Krankheit des Kindes, eigene Krankheit, neues bedenkliches Verhalten des Ehemannes oder Ähnliches). Das Gericht wird dann wieder versuchen, eine gütliche Einigung zu erzielen, oder ansonsten einen erneuten Titel schaffen. Eine faktische Vollstreckung des Umgangsrechtes findet jedoch in aller Regel nicht statt.

Folge: Mangels faktischer Vollstreckungsmöglichkeit kann der Elternteil, der die alleinige Sorge über das Kind hat, den Kontakt des Kindes mit dem anderen Elternteil praktisch unterbinden. Hierdurch tritt eine weitere Entfremdung des Kindes vom anderen Elternteil ein. Dies kann letztlich sogar dazu führen, dass bei einer erneuten Entscheidung angesichts der mittlerweile eingetretenen Entfremdung nur noch ein kürzeres Umgangsrecht ausgesprochen wird.

Gegenmaßnahme: Zum einen kann man natürlich versuchen, die faktische Nichtvollstreckung nicht zu akzeptieren und die möglichen Vollstreckungsanträge zu stellen. Ob dies letztlich Erfolg versprechend ist, mag jedoch dahinstehen. Aussichtsreicher ist es in der Regel, dem Elternteil, der das Kind nicht zu den Umgangskontakten herausgibt, klarzumachen, dass eine hartnäckige Verweigerung des Umgangsrechtes trotz vorliegendem gerichtlichen Titel letztlich dazu führen kann, dass möglicherweise über das Sorgerecht neu entschieden werden muss und dem Elternteil, der das Kind nicht herausgibt, letztlich das Sorgerecht entzogen werde.[12] Eine solche Entscheidung ist durchaus denkbar und möglich, sie setzt jedoch in aller Regel voraus, dass der Elternteil, der das Umgangsrecht durchsetzen möchte, selber auch in der Lage ist, das Sorgerecht über das Kind auszuüben, und bei einer Gesamtabwägung die hierdurch möglicherweise eintretenden Schäden des Kindes geringer sind als die Schäden, die bei einer dauerhaften Versagung des Umgangsrechtes in Betracht kommen.

Sollte dies dem Elternteil, der das Umgangsrecht unterläuft, nicht klar genug werden, empfiehlt sich möglicherweise auch die Einleitung eines erneuten Sorgerechtsverfahrens, so dass diesem Elternteil die Ernsthaftigkeit der Angelegenheit vor Augen geführt wird.[13]

4. Unterhalt für die Dauer der Trennung

Während der Trennung bestehen in aller Regel auch bereits Unterhaltsansprüche. Ausnahmsweise bestehen dann keinerlei Ansprüche, wenn es sich um eine so genannte Doppelverdienerehe handelt, bei der beide Ehegatten nahezu gleich viel verdient haben und Kinder nicht vorhanden sind.

Sind jedoch Kinder vorhanden, haben diese selbstverständlich eigene Unterhaltsansprüche. Hat ein Ehegatte (auch heute noch in aller Regel die Ehefrau) den Beruf aufgegeben oder nie einen Beruf ergriffen, um die Kinder zu betreuen, so steht auch ihm für die Zeit der Trennung Unterhalt zu.

Frage: *„Wie viel Unterhalt erhalte ich, und wie viel Unterhalt bekommen meine Kinder?“*

Die Höhe des Unterhaltes ist nicht nur alleiniger Gegenstand diverser Bücher und nahezu zahlloser Gerichtsentscheide, sondern wird auch heute noch von Gerichtsbezirk zu Gerichtsbezirk sehr unterschiedlich gehandhabt.

Bezüglich der genauen Bemessung des Unterhaltsanspruches werden Sie nicht umhinkommen, einen kundigen Anwalt aufzusuchen. Nur dieser kann Sie davor bewahren, hier unnötigen

Schaden zu erleiden. Wesentliche Voraussetzung ist zunächst, dass der Unterhaltsschuldner ordnungsgemäß in Verzug gesetzt wird.[14] Wurde der Gegner nicht ordnungsgemäß in Verzug gesetzt, kann Unterhalt für die davor liegende Zeit nicht mehr verlangt werden.[15] Wurde der Unterhaltsschuldner nur in viel zu geringer Höhe in Verzug gesetzt oder hat der Unterhaltsschuldner die gesamte Zeit viel zu wenig geleistet, ohne dass sich der Unterhaltsgläubiger hiergegen gewehrt hat, besteht auch für die Vergangenheit in diesem Fall in der Regel kein Unterhaltsanspruch mehr.

Problem: Mann und Frau haben sich grundsätzlich über Unterhaltsansprüche geeinigt, ohne vorher fachlichen Rat einzuholen. Es wurde vereinbart, dass der Ehemann an die Ehefrau monatlich 500,– € zahlt. Der Ehemann lässt sich nunmehr anwaltlich beraten und stellt fest, dass er eigentlich höheren Unterhalt schuldet.
Trick: Der Mann wird den vereinbarten Unterhalt stillschweigend weiterzahlen und das Thema Unterhalt möglichst nicht mehr anpacken. Er wird möglicherweise der Frau „gut“ zureden, durch die Einschaltung eines weiteren Anwaltes doch nicht noch weitere Kosten zu verursachen, wo sie doch selber die Sache schon einvernehmlich geregelt hätten.
Folge: Der Ehemann gerät bezüglich der höheren Unterhaltsverpflichtung nicht in Verzug. Die Frau kann diese Unterhaltsansprüche erst ab dem Zeitpunkt geltend machen, ab dem der Ehemann bezüglich der höheren Zahlungen auch tatsächlich in Verzug gesetzt wird. Dies bedeutet, dass letztlich die Unterhaltsdifferenzen für die Vergangenheit verloren gehen.
Gegenmaßnahme: Es ist wichtig, eine Inverzugsetzung bezüglich des Unterhaltes herbeizuführen. Eine solche Inverzugsetzung kann durch ein Schreiben erfolgen, mit dem der Mann aufgefordert wird, Auskunft über sein letztes Jahreseinkommen zu erteilen, wenn gleichzeitig dargelegt wird, dass beabsichtigt ist, den Mann auf Unterhalt in der sich daraus errechnenden Höhe in Anspruch zu nehmen.

Ab diesem Zeitpunkt schuldet der Ehemann den korrekten Unterhalt. Damit derartige Ansprüche später nicht verfallen, empfiehlt es sich für die Frau, bereits zur Auskunftserteilung, spätestens aber zur Berechnung des Unterhaltes, einen eigenen Anwalt einzuschalten. Dessen Verpflichtung ist es, darauf zu achten, dass sämtliche Ansprüche der Ehefrau auch tatsächlich gewahrt werden. Die durch die Einschaltung des eigenen Anwaltes entstehenden Mehrkosten sind weit geringer als die verloren gegangenen Ansprüche, die der Ehefrau bei unrichtiger Sachbehandlung drohen.

Für die Höhe des Unterhaltsanspruches sind in aller Regel zwei Dinge entscheidend:

1. die ehelichen Lebensverhältnisse, die das Zusammenleben der Eheleute geprägt haben, und
2. die jeweiligen Einkommen des Berechtigten und des Verpflichteten.

Das unterhaltsrechtlich relevante Einkommen zu ermitteln und zu berechnen sollte, dies kann nicht oft genug wiederholt werden, einem kundigen Anwalt überlassen werden. Macht dieser einen Fehler, haftet er für den entstehenden Schaden. Machen Sie selber einen Fehler, kriegen Sie nichts.

Zur groben Orientierung mag Folgendes dienen:

Zuerst wird geprüft, welches Einkommen dem Unterhaltsverpflichteten zur Verfügung steht. Hierzu ermittelt man das Einkommen der letzten 12 Monate einschließlich Weihnachtsgeld, Urlaubsgeld und sonstiger Zahlungen. Dieses Einkommen wird dann durch 12 geteilt. Von dem nunmehr errechneten monatlichen Wert zieht man die Unterhaltsbeträge für die gemeinsamen Kinder entsprechend der Düsseldorfer Tabelle ab. Hat der Unterhaltsberechtigte kein Einkommen, stehen ihm von dem verbleibenden Resteinkommen des Verpflichteten etwa 3/7 zu.[16]

Beispiel: Der Ehemann ist berufstätig und hat einschließlich aller Sonderzuwendungen ein Jahreseinkommen in Höhe von 36.000,– €, also monatlich 3.000,– € netto.
Die Ehefrau ist nicht berufstätig und versorgt die beiden gemeinsamen Kinder, eines ist drei Jahre alt, das andere acht. Die Unterhaltsansprüche berechnen sich wie folgt:

Anspruch des achtjährigen Kindes: 386,– € gemäß Düsseldorfer Tabelle abzüglich hälftigen Kindergeldes (77,– €) = 309,– €.
Anspruch des dreijährigen Kindes gemäß Düsseldorfer Tabelle 319,– € abzüglich hälftigen Kindergeldes = 242,– €.
Verbleibendes Resteinkommen des Ehemannes (ohne Berücksichtigung der Kindergeldverrechnung): 2.295,– €, hiervon 3/7 = 984,– €.
Die Ehefrau erhält daher 984,– €, die Kinder 309,– € und 242,– €, insgesamt muss der Ehemann folglich 1.535,– € Unterhalt an seine Ehefrau zahlen.

Bei dieser Art der Berechnung ist jedoch immer zu beachten, dass dem Ehemann die in den jeweiligen Leitlinien zugedachten Selbstbehaltgrenzen verbleiben (bei der Berechnung des Kindesunterhaltes). Problematisch wird die Berechnung, wenn nicht genügend Einkommen zur Verfügung steht, um den vollen Bedarf der Kinder und der Ehefrau zu decken. Dies ist immer dann der Fall, wenn dem berufstätigen Ehemann keine 840,– € oder dem nicht berufstätigen Ehemann keine 730,– € verbleiben. Die Problematik derartiger Mangelfallberechnungen soll hier aus Platzgründen aber nicht erörtert werden. Reicht das Einkommen des pflichtigen Ehegatten jedoch nicht aus, den notwendigen Bedarf der Kinder und der Ehefrau zu decken, und ist der Ehefrau auf Grund der Kindesbetreuung die Aufnahme eigener Arbeit nicht zuzumuten, so bleibt letztlich nur der Weg zum Sozialamt.

An dieser Stelle sei ausdrücklich vor dem laienhaftem Gebrauch der Düsseldorfer Tabelle gewarnt. Viele Eheleute meinen, dass sie die Tabelle ja selbst lesen könnten, so dass auch die Unterhaltsberechnung keine Probleme bereiten würde. Die Düsseldorfer Tabelle ist aber nur ein Hilfsmittel der Unterhaltsberechnung. Sie gilt für den Fall, dass ein Ehegatte dem anderen Ehegatten und zwei Kindern unterhaltsverpflichtet ist. Bei weniger oder mehr Unterhaltsberechtigten sind Zu- bzw. Abschläge vorzunehmen.

Sofern noch nicht einmal die Mindestsätze des Kindesunterhaltes geleistet werden oder geleistet werden können, hilft bis zum 12. Lebensjahr des Kindes das Jugendamt gemäß dem Unterhaltsvorschussgesetz weiter.

Problem: Der Unterhalt ist der Höhe nach zwischen den Eheleuten streitig. Soll der Ehemann nunmehr versuchen, zumindest so viel Unterhalt zu zahlen, dass die Frau keine Sozialhilfe in Anspruch nehmen muss, oder soll gegebenenfalls der Unterhalt erst einmal so niedrig angesetzt werden, dass der andere Ehegatte auf Sozialhilfe angewiesen sein wird?

Trick: Zahlen Sie am besten so wenig Unterhalt wie möglich. Warten Sie ab, bis das Sozialamt sich meldet. Überweisen Sie auf keinen Fall sofort den rückständigen Betrag an das Sozialamt, sondern treten Sie in ernsthafte Verhandlungen mit dem Sozialamt ein.

Folge: Zum einen wird hierdurch vermieden, dass Unterhalt überzahlt wird. Überzahlter Unterhalt kann letztlich faktisch nicht zurückgefordert werden. Die Inanspruchnahme von Sozialhilfe führt darüber hinaus dazu, dass das Sozialamt dem Bedürftigen, in der Regel der Ehefrau, ein sparsames Leben sehr nahe legt, den Bedürftigen z.B. verpflichtet, sich kurzfristig eine billigere Wohnung zu suchen oder ein etwa vorhandenes Auto zu verkaufen. Darüber hinaus wird das Sozialamt selbst Unterhalt nur in der Höhe zurückfordern, wie es selbst Zahlungen geleistet hat. In der Regel können mit dem Sozialamt auch in späterer Zeit vernünftige Ratenzahlungsvereinbarungen getroffen werden, so dass eine Vollstreckung verhindert wird.

Gegenmaßnahme: Wenn dies irgend möglich ist, sollte die in Anspruchnahme von Sozialhilfe aus den vorbezeichneten Gründen vermieden werden. Besser ist es, wenn sich der Bedürftige im Falle einer Trennung vom gemeinsamen Konto einen gewissen Geldbetrag sichert, mit dem er zumindest ein bis zwei Monate seinen Lebensunterhalt bestreiten kann. In dieser Zeit sollte unbedingt versucht werden, im Rahmen einer einstweiligen Anordnung gemäß § 644 ZPO einen Unterhaltstitel gegen den unterhaltspflichtigen Ehegatten zu erlangen. Dieser Unterhaltstitel sollte auch sofort in voller Höhe vollstreckt werden, falls freiwillige Zahlungen nicht erfolgen. Wurde „versehentlich" zu viel Unterhalt geltend gemacht und gegebenenfalls im Rahmen einer einstweiligen Anordnung tituliert, sind die überzahlten Beträge praktisch nicht mehr zurückzufordern.

Darüber hinaus verhindert die bedürftige Ehefrau so, dass das Sozialamt ihr das Auto wegnimmt oder sie zur Suche einer anderen Wohnung verpflichtet.

Aber auch wenn Sozialhilfe oder ein Unterhaltsvorschuss beantragt wird, werden die entsprechenden Behörden Ihnen auferlegen, unverzüglich einen Anwalt aufzusuchen, um ihn mit der Durchsetzung Ihrer Unterhaltsansprüche zu beauftragen. Ob Sie hierzu aufgefordert werden oder nicht, Sie sollten es ohnehin tun. Wenn selbst viele Anwälte nicht in der Lage sind, den Unterhalt richtig zu berechnen, wie sollen Sie es dann sein? Sollten Sie kein oder nur ein geringes Einkommen haben, sind die Rechtsberatung und die Rechtsvertretung durch einen Rechtsanwalt für Sie in aller Regel auch kostenfrei. Im Falle eines Gerichtsverfahrens haben Sie die Möglichkeit, Prozesskostenhilfe zu beantragen.

Die Unterhaltsansprüche der Kinder und des getrennt lebenden Ehegatten können auch während der Trennungszeit schon festgelegt werden. Ein Unterhaltstitel zugunsten eines Kindes wirkt auch über die Scheidung hinaus fort, während ein Unterhaltstitel zugunsten eines getrennt lebenden Ehegatten seine Wirkung mit Rechtskraft der Scheidung verliert. Einzige Ausnahme ist ein Titel im Rahmen des einstweiligen Rechtsschutzes; diese Problematik hier im Einzelnen darzustellen würde den Umfang dieses Ratgebers jedoch sprengen. Wir verweisen Sie bezüglich dieser Thematik auf Ihren Anwalt.

Problem: Der Ehegatte ist als Selbstständiger tätig. Die Ehefrau versucht nunmehr, vom Ehemann angemessenen Unterhalt zu erzielen.
Trick: Die Problematik des Unterhaltes bei Selbstständigen allein würde ein ganzes Buch über „schmutzige Scheidungstricks" füllen. Wir wollen die hier auftretenden Probleme jedoch nur kurz anreißen: Der selbstständig Tätige muss Auskunft über sein Einkommen erteilen und wird hierzu in der Regel Bilanzen seines Unternehmens oder entsprechende Einnahmenüberschussrechnungen vorlegen. Aus diesen Unterlagen ergibt sich dann häufig, dass er als selbstständig Tätiger ein monatliches Einkommen erzielt, welches noch nicht einmal 840,– €, also den Mindestselbstbehalt, beträgt. Der Selbstständige wird daher behaupten, er sei zu Unterhaltszahlungen nicht in der Lage. Schaut man allein auf den ausgewiesenen Gewinn, ergibt sich in der Tat eine mangelnde Leistungsfähigkeit. Allerdings wundert sich der Unterhaltsberechtigte häufig, wie es dem selbstständig Tätigen denn dann gelingt, einen immer noch sehr aufwändigen Lebensstil zu führen. Dies funktioniert häufig folgendermaßen: Der selbstständig Tätige hat die betrieblichen Einkünfte in aller Regel nicht verschweigen können (die Schwarzgeldproblematik soll an dieser Stelle nicht erörtert werden), er hat jedoch diverse Kosten des privaten Bereiches in den betrieblichen Bereich verlagert, so fährt er z. B. einen Firmenwagen, die Firma hat den neuen Fernseher, das Telefon, die Stereoanlage u. Ä. erworben, der Unterhaltsverpflichtete nutzt diese Dinge nur. Die neue Freundin des Unterhaltsverpflichteten ist plötzlich zu einem ungewöhnlich hohen Gehalt als Sekretärin in der Firma angestellt. Darüber hinaus hat

die Firma bei Verkäufen des Anlagevermögens keine Gewinne ausgewiesen, sondern stets Rückstellungen gebildet. Ob derartige Rückstellungen zu Recht erfolgt sind, kann zum jetzigen Zeitpunkt in der Regel noch nicht beurteilt werden, gegebenenfalls werden diese Rückstellungen steuerlich korrekt erst in späteren Jahren aufgelöst.

Folge: Mangels Leistungsfähigkeit des Ehegatten besteht scheinbar kein Unterhaltsanspruch der Ehefrau. Die Ehefrau muss sich mit geringen Unterhaltsbeträgen zufriedengeben oder sogar komplett auf Unterhalt verzichten.

Gegenmaßnahme: Auch das Thema „korrekter Ausweis des Gewinnes bei Selbstständigen" könnte viele Seiten füllen. Wir wollen jedoch im Wesentlichen nur die beiden wichtigsten Möglichkeiten kurz ansprechen, mit denen die Verschleierung des tatsächlichen Einkommens vermieden werden kann. Zum einen sollte, geradezu eine Selbstverständlichkeit, bei selbstständig Tätigen nicht nur etwa die Bilanz des letzten Geschäftsjahres verlangt werden, sondern praktisch die gesamte Buchhaltung mindestens der letzten drei Geschäftsjahre. Allein aus der Bilanz nämlich lassen sich die für Unterhaltsfragen relevanten Punkte häufig gar nicht ablesen. Der Unterhaltsberechtigte wird nun im Einzelnen herausfinden müssen, wo Verschleierungsmöglichkeiten bestanden. Zum einen wird zu prüfen sein, in welchem Umfang Betriebskosten ausgewiesen wurden, die letztlich allein, überwiegend oder aber zumindest *auch* dem Privatbereich zuzurechnen sind. Dies gilt zum Beispiel für die Privatnutzung eines Firmenwagens, bei dem einkommenserhöhend mindestens eine den steuerlichen Richtlinien entsprechende Privatzurechnung, also momentan 1% des Listenpreises des Neufahrzeuges, anzunehmen sein sollte. Ferner ist zu prüfen, ob gegebenenfalls Scheinarbeitsverhältnisse begründet wurden, um den Betrieb mit zusätzlichen Kosten zu belasten.

Sorgfältig zu prüfen sind auch sämtliche Bewegungen des Anlagevermögens sowie mögliche Rückstellungen. Bei Ausschüttungen von Kapitalgesellschaften sind die steuerlichen Folgen, die häufig zu einer erheblichen Steuererstattung führen, korrekt zu berücksichtigen.

Führt dies alles zu keinem Ergebnis, wäre darüber hinaus zu prüfen, in welchem Umfang der selbstständig Tätige Privatentnahmen getätigt hat. Auch dieses Geld muss schließlich irgendwo herkommen. Privatentnahmen sind zumindest ein Indiz für die Leistungsfähigkeit des Verpflichteten.

Kommt man jedoch über sämtliche vorbezeichneten Punkte nicht zum Erfolg und trägt der selbstständig Tätige sogar über zwei oder drei Jahre Verluste seiner Firma vor, so kann man ihn auf Unterhalt über die Grundsätze der Zurechnung fiktiven Einkommens in Anspruch nehmen. Man wird ihm dann nämlich vorhalten, dass es sich letztlich um einen unrentablen Gewerbebetrieb handelt, so dass es Aufgabe des Verpflichteten ist, den Gewerbebetrieb aufzugeben und sich, entsprechend seiner Qualifikation, als Arbeitnehmer eine Arbeitsstelle zu suchen. Handelt es sich z.B. um einen selbstständigen Meister eines Handwerksberufes, würde man als fiktives Einkommen das durchschnittliche Einkommen eines solches Handwerksmeisters im Rahmen unselbstständiger Tätigkeit zugrunde legen und ihm dies fiktiv zurechnen. So hat dann der selbstständig Tätige, der Monat für Monat über Verluste geklagt hat, plötzlich ein fiktives Einkommen zwischen 3.000 und 5.000 €, auf dessen Basis sich dann die Unterhaltsansprüche errechnen lassen.

5. Steuerliche Aspekte

Häufig hört man als Einwand des Unterhaltsschuldners, dass sein Einkommen ja nun drastisch sinken würde, da eine andere Steuerklasseneinstufung erfolge. Hierzu ist Folgendes anzumerken: Im ersten Jahr der Trennung ändert sich grundsätzlich steuerrechtlich überhaupt nichts. Erst wenn die Eheleute **dauernd** getrennt leben, ändert sich die Steuerlast durch Einzelveranlagung. Das dauernde Getrenntleben der Eheleute setzt jedoch voraus, dass die Eheleute 365 von 365 Tagen getrennt gelebt haben. Haben die Eheleute auch nur einen Tag des Jahres zusammengelebt, dies kann auch im Rahmen einer später gescheiterten Versöhnung der Fall sein, kommt die Annahme eines dauernden Getrenntlebens nicht in Betracht, so dass nach wie vor eine Zusammenveranlagung möglich bleibt.

Problem: Die Parteien leben bereits seit einem Jahr getrennt, mittlerweile befindet man sich im neuen Kalenderjahr, und beide haben erhebliche Einkommenseinbußen hinzunehmen, da auf

Grund des dauernden Getrenntlebens im jetzigen Kalenderjahr eine gemeinsame Veranlagung nicht mehr möglich ist.

Trick: Die steuerliche Versöhnung. Die Zusammenveranlagung ist möglich, wenn die Eheleute mindestens einen Tag im Kalenderjahr zusammengelebt (zusammen gewirtschaftet) haben. Nun wird das Finanzamt dies bei einer eintägigen Versöhnung schlichtweg nicht anerkennen. Auch ein „halbherziger" Versöhnungsversuch reicht nicht aus. Anders aber ist bei einer ernsthaften Versöhnung die steuerliche Zusammenveranlagung dann möglich, wenn die Eheleute zumindest ein paar Tage oder Wochen zusammengelebt haben. Selbst bei langjährigen Trennungen findet häufig zu Weihnachten eine groß angelegte Versöhnung statt. Der Ehemann kehrt reuig in die Ehewohnung zurück, die bislang allein von der Ehefrau bewohnt wurde. Diese Versöhnung dauert bis Mitte Januar, dann kommt es erneut zum Bruch, und der Mann kehrt in seine eigene Wohnung zurück. Das Finanzamt ist möglicherweise skeptisch und bezweifelt die Ernsthaftigkeit der Versöhnung. Der Ehemann bringt jedoch Belege bei, dass er seine alte Wohnung bereits inseriert hatte, lediglich keinen Nachmieter finden konnte und letztlich dann doch froh war, wieder zurückziehen zu können. Jedenfalls wird durch das Annoncieren der Wohnung die Ernsthaftigkeit seiner Absichten deutlich, und das Finanzamt wird schwerlich darum herumkommen, die Ernsthaftigkeit des Versöhnungsversuches anzuerkennen.

Folge: Die Versöhnung von Weihnachten bis Mitte Januar bringt ein steuerliches Zusammenleben für beide Kalenderjahre mit der Möglichkeit, in beiden Kalenderjahren gemeinsam zu veranlagen. Dies kann im Einzelfall mehrere Tausend € steuerliche Differenz ausmachen. Familienrechtlich hingegen ist dieser Versöhnungsversuch ohne Bedeutung. Insbesondere wird das Trennungsjahr hierdurch nicht unterbrochen. Versöhnungsversuche bis zu einer Dauer von drei Monaten beeinträchtigen den Lauf des Trennungsjahres nicht.

Gegenmaßnahme: Gegenmaßnahmen sind nicht zu erörtern, da eine solche Versöhnung nur übereinstimmend von beiden Ehegatten durchgeführt werden kann. Eine Versöhnung gegen den Willen eines Ehegatten ist nicht möglich.

Allgemein ist festzuhalten, dass beide Eheleute verpflichtet sind, die gesamte Steuerbelastung, gerechnet über beide Eheleute, so günstig wie möglich zu halten, so dass das für Unterhaltszwecke zur Verfügung stehende Einkommen möglichst hoch bleibt.[17] Aber auch ohne den unterhaltsrechtlichen Aspekt sind beide Ehegatten auf Grund der familiären Treuepflichten gehalten, dem anderen nicht lediglich zum Zwecke der Schadenszufügung eine steuerliche Möglichkeit zur Einsparung zu nehmen. Dies kann jedoch in aller Regel nur dann verlangt werden, wenn der steuerlich begünstigte Ehegatte die dem anderen Teil entstehenden Nachteile voll ausgleicht.

Auch wenn die Eheleute dauernd getrennt leben und eine Zusammenveranlagung nicht mehr möglich ist, ergeben sich aus der unterhaltsrechtlichen Situation steuerlich häufig Besonderheiten. So kommt es häufig vor, dass der steuerlich mehr Verdienende die Möglichkeiten des *begrenzten Realsplittings*[18] nutzen will, mit der Folge, dass er die Unterhaltszahlungen an seine Ehefrau (nicht an die Kinder) als Sonderausgaben in voller Höhe absetzen kann. Die Ehefrau ist in diesem Fall jedoch im Gegenzug verpflichtet, diesen Unterhalt als Einkommen zu versteuern.

Die Ehefrau ist verpflichtet, diesem so genannten begrenzten Realsplitting zuzustimmen, wenn der Ehemann ihr *alle* hierdurch entstehenden Nachteile ausgleicht. Diese Nachteile sind insbesondere:

- eine durch die Versteuerung als Einkommen entstehende Steuerbelastung oder Steuermehrbelastung,
- Steuerberatungskosten, sofern diese anfallen und nicht offensichtlich unnötig waren,
- möglicherweise Krankenversicherungskosten, sofern der Unterhalt, der als Einkommen zu versteuern ist, über dem krankenversicherungsfreien Betrag in Höhe von 400 € monatlich liegt. In diesem Fall ist die Ehefrau nämlich verpflichtet, Beiträge zur gesetzlichen Krankenversicherung zu zahlen. Diese Beiträge müssen ihr vom Ehemann erstattet werden.

Die Vielzahl der hierdurch möglicherweise entstehenden Nachteile, die zum Zeitpunkt der Geltendmachung des Realsplittings zum Teil gar nicht abzusehen sind, gebietet es unseres Erachtens, äußerste Vorsicht und Zurückhaltung walten zu lassen. Hier ist insbesondere der Steuerberater gefordert, die möglicherweise entstehenden Nachteile zu beziffern und gegen die Steuereinsparung zu rechnen. Im Übrigen sollte geprüft werden, ob die vielfach vernachlässigte Möglichkeit der „normalen" Berücksichtigung als außergewöhnliche Belastung mit dem allerdings niedrigeren Höchstbetrag gemäß § 33a EStG für den Steuerpflichtigen nicht günstiger ist.[19]

Wir wollen auch dieses Thema hier nicht auswalzen, sondern würden dazu raten, sich bezüglich dieser Problematik sowohl mit Ihrem Steuerberater wie auch mit Ihrem Rechtsanwalt auseinander zu setzen. Gewarnt werden soll hier lediglich vor der gedankenlosen Geltendmachung des begrenzten Realsplittings. Dem Unterhaltsgläubiger sollten jedenfalls die Möglichkeiten des Unterhaltsschuldners zur Steuereinsparung bekannt sein, so dass er dem pauschalen Argument der ungünstigeren Steuereinstufung entsprechend begegnen kann.

Problem: Die Ehefrau wünscht einen höheren Unterhalt, der Ehemann hat jedoch den Unterhalt genau errechnet und ist nicht bereit, mehr zu zahlen.
Trick: Die Ehefrau erläutert dem Mann die „Vorteile" des steuerlichen Realsplittings. Hiernach kann der Ehemann den Unterhalt an die getrennt lebende Ehefrau (oder auch die geschiedene Ehefrau) im Rahmen des Realsplittings bis zu einer Größenordnung von momentan 13.805 € als Sonderausgabe absetzen. Die Ehefrau hingegen muss den erhaltenen Unterhalt als Einkommen versteuern.
Folge: Durch den erzielten Steuervorteil scheint der Ehemann tatsächlich in der Lage zu sein, höheren Unterhalt zu leisten, da er durch die zu erwartende Steuererstattung ein höheres Einkommen hat, welches für Unterhaltszwecke zur Verfügung steht. Weitere Folge des steuerlichen Realsplittings ist jedoch, dass der Ehemann der Ehefrau sämtliche Nachteile auszugleichen hat, die der Ehefrau durch das steuerliche Realsplitting entstehen. Derartige Nachteile sind nicht nur eventuelle Steuerzahlungen der Ehefrau, sondern auch sonstige Folgekosten, gegebenenfalls also Steuerberatungskosten, u.U. sogar Sozialversicherungskosten, wenn die Ehefrau auf Grund des Einkommens plötzlich selbst kranken- oder rentenversicherungspflichtig wird.

Der Ehemann hat hier **sämtliche** Nachteile auszugleichen. Das steuerliche Realsplitting, von vielen hochgelobt, kann sich hier als üble Falle erweisen, insbesondere deshalb, *weil der Ehemann die*

Nachteile häufig erst ein Jahr nach den Unterhaltszahlungen feststellt.

Gegenmaßnahme: Bei der Geltendmachung des steuerlichen Realsplittings sind sämtliche möglichen Nachteile zu berücksichtigen. Häufig ist das steuerliche Realsplitting nicht der Weisheit letzter Schluss. Es kann sicherlich im Einzelfall zu erwägen sein, wenn es tatsächlich zu einer erhöhten Leistungsfähigkeit des Ehemannes führt. Häufig wäre es jedoch für beide Ehepartner günstiger, wenn der Ehemann von der Möglichkeit Gebrauch macht, den Unterhalt als Sonderausgabe gemäß § 33 a EStG geltend zu machen. Die hierbei anzusetzende Grenze liegt mit momentan 7.188 € zwar niedriger als die Grenze beim steuerlichen Realsplitting; sämtliche Nachteile des Realsplittings fallen hier jedoch ersatzlos weg.

6. Sonstiges, Güterrecht, Ehevertrag und Scheidungsvereinbarung

Durch die Trennung allein werden die normalen Rechte und Pflichten, die mit einer Ehe verbunden sind, nicht aufgehoben. Insbesondere die Beschränkungen bezüglich der Verfügung über das Vermögen im Ganzen oder bezüglich der Verfügung über Haushaltsgegenstände bleiben nach wie vor erhalten. Jeder Ehegatte ist weiterhin berechtigt, die Geschäfte zur Deckung des angemessenen Lebensbedarfes der Familie auch ohne Mitwirkung des anderen Ehegatten zu tätigen und diesen mitzuverpflichten.

Angesichts der noch zu besprechenden Auseinandersetzung über das beiderseitige Vermögen kann es für den Fall der Trennung, insbesondere aber auch bei längeren Trennungszeiten, sinnvoll und notwendig sein, entsprechende vertragliche Bestimmungen zu vereinbaren. Steht fest, dass eine Aussöhnung nicht mehr in Betracht kommt, kann bezüglich der gesamten Scheidungsfolgen bereits jetzt eine entsprechende Vereinbarung getroffen werden. Will man nicht ausschließen, dass es noch zu einer Aussöhnung kommt, will man aber spätere Auseinandersetzungen auf jeden Fall vermeiden, kommt auch der Abschluss eines Ehevertrages in Betracht, möglicherweise verbunden mit einer Scheidungsfolgenvereinbarung für den Fall, dass es doch zur Scheidung kommt.

Derartige Verträge bedürfen in der Regel der notariellen Form. Grundsätzlich sind solche Verträge sehr zu begrüßen, da sie beiden Parteien Rechtssicherheit geben. Jeder der Beteiligten weiß, was im Falle einer Scheidung oder auch im Falle der Fortführung der Ehe auf ihn zukommt. Sowohl die Vermögensauseinandersetzung wie auch Unterhaltsleistungen u. Ä. können geregelt werden. Bezüglich des Sorge- und Umgangsrechtes können zumindest gemeinsame Vorschläge ausgearbeitet werden, an die sich die Gerichte in aller Regel auch halten. Insgesamt ersparen derartige Verträge den Beteiligten viel Streit.

Frage: *„Dann empfiehlt es sich also, wenn ich mit meinem Mann zu einem Notar gehe und dort einen entsprechenden Vertrag aufsetzen lasse?"*

Nein! Die Verträge müssen zwar vor einem Notar geschlossen werden, dieser ist jedoch in der Regel kein Spezialist für Familienrecht. Zum anderen ist er nicht immer die neutrale Person, die er eigentlich sein sollte und für die er immer gehalten wird. Leider kann es sein, dass derjenige, der den Notar bezahlt, auch bestimmt, was im Vertrag steht. Dies ist daher auch fast immer die finanzstärkere Partei, so dass derartige Vereinbarungen häufig zu Lasten des finanziell Schwächeren ausgestaltet werden. Eine umfassende familienrechtliche Beratung oder eine umfassende Darstellung der Rechte der finanziell schwachen Partei (häufig der Ehefrau, die die Kinder betreut) findet beim Notar in solchen Fällen nicht statt.

Der Notar ist auch nicht beauftragt, die Interessen beider Parteien wahrzunehmen. Der Notar wird sich in der Regel darauf beschränken, einen Standardvertrag zu benutzen, der die Interessen dessen wahrt, der den Vortrag in Auftrag gegeben hat, und wird beim Verlesen der Urkunde möglicherweise noch kurze förmliche Belehrungen vornehmen, die jedoch für den Laien oft nicht klärend sind.

Eine umfassende Interessenvertretung insbesondere des finanziell schwächeren Partners findet ausschließlich durch einen Anwalt statt, der ihn *allein* vertritt. Auch der „gemeinsame Anwalt" ist eine Unsitte, zu der wir noch gesondert Stellung nehmen, denn er wahrt in aller Regel die Interessen des finanziell Schwächeren nicht ausreichend. Da dieser in aller Regel Anspruch auf Beratungs- oder Prozesskostenhilfe hat, sollte er einen eigenen Rechtsanwalt oder eine Rechtsanwältin seiner Wahl aufsuchen. Sofern es zum Abschluss eines Ehevertrages oder einer Scheidungsfolgenvereinbarung kommt, kann dort auch vereinbart werden, dass der finanziell Stärkere die Kosten übernimmt. Nur so ist gewährleistet, dass eine wirkliche Wahrung der Interessen auch des finanziell schwächeren Teils erfolgt. Ist erst einmal ein ungünstiger Ehevertrag oder eine ungünstige Scheidungsfolgenvereinbarung geschlossen, kämpfen selbst die besten Anwälte vergebens für Ihr Recht.

Problem: Der Notar bereitet einen „fairen Vertrag" vor und lädt beide Parteien zur Beurkundung.
Trick: Der finanziell stärkere Teil (meist der Ehemann) hat vorher mit dem Notar sämtliche Punkte umfassend erörtert und sich „großzügig" bereit erklärt, die entstehenden Kosten der Scheidungsvereinbarung allein zu tragen. Der Notar erläutert zu Beginn der Beurkundung wortreich seine neutrale Stellung. Die Passagen, die der Ehefrau merkwürdig erscheinen und eine Benachteiligung befürchten lassen, beschreibt ein solches „Schwarzes Schaf" unter den Notaren als im Rahmen von Scheidungsvereinbarungen absolut üblich.
Folge: Der notarielle Vertrag ist in der Regel nicht mehr anfechtbar und bindet für alle Zeiten. Eine Aufhebung des Vertrags kommt nicht mehr in Betracht. Die Ehefrau ist von vielen Vorteilen der gesetzlichen Regelung möglicherweise ausgeschlossen.
Gegenmaßnahme: Unterzeichnen Sie nie eine notarielle Scheidungsvereinbarung, bevor nicht ein eigener Interessenvertreter diesen Vertrag umfassend geprüft hat. Nur so kann man sich letztlich vor nachteiligen Folgen schützen. Obwohl oben ausgeführt wurde, dass eine Lösung vom Vertrag nicht möglich ist, gibt es dennoch eine winzige Ausnahme im Rahmen des Versorgungsausgleiches. Haben die Parteien durch eine notarielle Scheidungsvereinbarung den Ausschluss des Versorgungsausgleiches vereinbart und wird die Ehe dann innerhalb eines Jahres nach Abschluss dieser Vereinbarung geschieden bzw. stellt während dieser Zeit einer der beiden Ehegatten einen Scheidungsantrag, so wird der Ausschluss des Versorgungsausgleiches unwirksam.[20] Dies bedeutet, dass in den Fällen, in denen die Ehefrau um den ihr zustehenden Versorgungsausgleich gebracht werden sollte, möglicherweise die zügige Einreichung eines Scheidungsantrages nahe zu legen ist.

2. Scheidung

Nachdem wir im vorangegangenen Teil die Voraussetzungen und Folgen einer Trennung besprochen haben, wollen wir nun erörtern, welche Folgen der Entschluss, sich vom Ehepartner scheiden zu lassen, hat.

1. Scheidungsvoraussetzungen

Wir hatten bereits kurz erläutert, dass zuerst das Trennungsjahr abgewartet werden muss. An dieser Stelle wollen wir die Scheidungsvoraussetzungen etwas umfassender erläutern. Verlangt nur *ein* Ehepartner die Scheidung, sind die Eheleute auf jeden Fall zu scheiden, wenn sie seit mindestens drei Jahren getrennt leben. In aller Regel wird jedoch heutzutage auch ohne Einvernehmen des scheidungsunwilligen Partners bereits nach einjähriger Trennung geschieden. Wünschen hingegen beide Eheleute die Scheidung, wird dem Antrag laut Gesetz zwangsläufig nach einem Jahr stattgegeben.[21]

Problem: Die Eheleute wollen sich zügig scheiden lassen, das Trennungsjahr ist jedoch noch nicht abgelaufen.
Trick: Beide Eheleute geben übereinstimmend ein mindestens ein Jahr zurückliegendes Trennungsdatum an und erklären, dass sie seit diesem Datum in der Ehewohnung getrennt gelebt haben.
Folge: Die Scheidungsvoraussetzung Trennungsjahr liegt vor, die Ehe kann geschieden werden. Zu beachten sind aber sich hieraus möglicherweise ergebende steuerliche Folgen. Auch ausländerrechtliche Fragen sind zu berücksichtigen, da zum Teil die Aufenthaltserlaubnis an ein ungetrenntes Zusammenleben geknüpft ist und bei der Behauptung eines zurückliegenden Trennungsjahres von der Ausländerbehörde auf eine fehlende Voraussetzung zur Erteilung einer Aufenthaltserlaubnis geschlossen wird – mit der Folge, dass die Entziehung der Aufenthaltserlaubnis drohen kann.
Gegenmaßnahme: Gegenmaßnahmen sind nicht zu erörtern, da eine Zurückdatierung nur einvernehmlich erfolgen kann. Würde nur einer der Ehegatten den Trennungszeitpunkt zurückdatieren,

könnte der andere Ehegatte Beweise für die Unrichtigkeit der Behauptung vorlegen.

Aber auch wenn nur einer der Ehegatten die Scheidung wünscht und sich unwiderruflich vom Ehepartner abgewandt hat, so dass mit einer Versöhnung definitiv nicht zu rechnen ist, wird die Ehe nach einjähriger Trennung geschieden. Das Gesetz sieht grundsätzlich vor, dass bereits zum Scheidungstermin die Scheidungsfolgen zwischen den Eheleuten geregelt worden sind. Auch diese Regelung hat jedoch heutzutage mehr theoretische Bedeutung, da die Gerichte in aller Regel die Ehe auch dann scheiden, wenn derartige Vereinbarungen fehlen. Gegebenenfalls wurden die streitigen Punkte im Rahmen des Scheidungsverfahrens oder außerhalb gerichtlich anhängig gemacht, so dass hierüber später gerichtliche Entscheidungen ergehen.

In Ausnahmefällen kann die Ehe auch geschieden werden, bevor die einjährige Trennungszeit verstrichen ist. Wir hatten bereits erörtert, dass dies insbesondere dann der Fall ist, wenn einem Ehepartner die Aufrechterhaltung der Ehe auf Grund körperlicher Übergriffe des anderen unzumutbar ist; Gleiches gilt für wiederholt auftretende schwere Alkoholexzesse, die den Ehepartner und die Kinder gefährden.[22] Voraussetzung hierfür ist jedoch stets, dass auch durch eine räumliche Trennung diese Zustände nicht behoben werden konnten. Ein weiterer Fall sei abschließend genannt: Lebt einer der Ehegatten bereits in einer neuen eheähnlichen Beziehung und dauert dieses eheähnliche Zusammenleben bereits über drei Monate an, kommt ebenfalls eine Scheidung in Betracht, bevor das Trennungsjahr abgelaufen ist.[23] Hier sei jedoch vorsorglich auf die auftretenden Beweisschwierigkeiten hingewiesen, die dazu führen, dass auch ein solcher Fall in der gerichtlichen Praxis eher die Ausnahme bildet.

Problem: Die Ehefrau will schnell geschieden werden, die Scheidungsvoraussetzungen liegen jedoch nicht vor.

Trick: Die Ehefrau behauptet, der Ehemann würde sie schlagen; sie reicht Atteste über Blutergüsse und ähnliche Verletzungen ein und legt eine entsprechend lautende eidesstattliche Erklärung ab.

Folge: Die Frau hat die Voraussetzungen für eine Härtescheidung vorgetragen und glaubhaft gemacht. Möglicherweise würde das

Gericht allein auf Grund dieser Aussagen, gestützt auf die Atteste und die eidesstattliche Versicherung, eine Härtescheidung durchführen, ohne das Trennungsjahr abzuwarten. Das Verhalten der Frau hingegen erfüllt diverse Straftatbestände: von der Abgabe einer falschen eidesstattlichen Versicherung über Falschverdächtigung bis zur Verleumdung.

Gegenmaßnahme: Der Ehemann wird im Einzelnen zu den Vorwürfen Stellung nehmen und versuchen müssen, trotz der falschen Anschuldigungen ruhig zu bleiben. In jedem Fall sollte er nur noch über seinen Anwalt reagieren und gegebenenfalls wegen der in Betracht kommenden Strafdelikte auch tatsächlich Strafantrag gegen die Ehefrau stellen, um dem Gericht deutlich zu machen, dass die Ehefrau zur Schaffung der Scheidungsvoraussetzungen Straftaten begangen hat. Er kann das Verhalten der Ehefrau aber auch zum Anlass nehmen, sich Gedanken über die Verwirkung von Unterhalt oder die Unbilligkeit der Durchführung eines Versorgungsausgleiches zu machen.

2. Einleitung des Scheidungsverfahrens, Kosten, Rechtsanwälte

Durch eine Antragsschrift, mit der die Scheidung begehrt wird, beginnt das Scheidungsverfahren. Von entscheidender Bedeutung wird im weiteren Verlauf des Verfahrens der Zeitpunkt der Rechtshängigkeit sein, d.h. der Zeitpunkt, zu dem der Scheidungsantrag dem anderen Ehegatten zugestellt wird.

Frage: *„Kann ich selbst einen derartigen Scheidungsantrag stellen, oder muss ich mich anwaltlich vertreten lassen?“*

Im Scheidungsverfahren muss sich jeder anwaltlich vertreten lassen, der Anträge stellen will.[24] Auch der Scheidungsantrag als solcher ist natürlich ein derartiger Antrag, so dass sich derjenige Ehegatte anwaltlich vertreten lassen muss, der den Scheidungsantrag bei Gericht stellt. Der andere Ehegatte, sofern er nur der Scheidung zustimmt, braucht sich hingegen nicht vertreten lassen. Erst wenn er selber im Rahmen der Scheidung oder betreffend einer Folgesache Anträge stellen will, so muss sich dann auch dieser Ehegatte einen Anwalt nehmen.

Frage: *„Können sich nicht beide Ehepartner von einem Rechtsanwalt vertreten lassen, wenn sie doch eigentlich über alle wesentlichen Punkte Einigung erzielt haben?“*

Die gemeinsame Vertretung beider Ehegatten durch einen Anwalt ist standesrechtlich und strafrechtlich nur dann zulässig, wenn definitiv über alle entscheidungserheblichen Punkte bereits Einigkeit erzielt wurde und es lediglich darum geht, die erzielten Ergebnisse gerichtlich bestätigen zu lassen. Gibt es jedoch in irgendeinem, und sei es auch noch so kleinen Punkt eine Differenz, so müsste der Anwalt, der beide Ehegatten als Mandanten angenommen hat, sofort das Mandat niederlegen und dürfte weder den einen noch den anderen Ehepartner weitervertreten. Da erfahrungsgemäß im Laufe der Trennung oder auch im Laufe des Scheidungsverfahrens immer die eine oder andere Angelegenheit – und sei es nur eine Bagatelle – streitig wird, ist die Frage, ob ein Anwalt beide Ehegatten vertreten darf, eigentlich rein theoretischer Natur. Auf der anderen Seite gibt es leider immer noch Anwälte, die sich hier standeswidrig verhalten und auch bei Auftreten von Differenzen das Mandat nicht unverzüglich niederlegen, obwohl sie sich in diesem Moment wegen Parteiverrates strafbar machen.[25] Der korrekte Anwalt wird daher auf jeden Fall die Vertretung beider Ehegatten im Scheidungsverfahren vermeiden. Er wird lediglich einen der Ehegatten als Mandanten aufnehmen. Wünscht der vertretene Mandant dann, dass der andere Ehegatte bei den Gesprächen mit dem Anwalt dabei ist, und verzichtet er gegebenenfalls auf alle ihm möglicherweise zustehenden Rechte, um eine ruhige und friedliche Scheidung zu erreichen, so ist dies sicherlich nicht schädlich. Der nicht anwaltlich vertretene Ehegatte muss sich jedoch darüber im Klaren sein, dass es eben nicht die Aufgabe des Anwaltes ist, die Interessen *beider* Ehepartner zu vertreten. Hat er auch nur den Hauch eines Zweifels, dass hier wirklich eine faire Lösung der Probleme und ein gerechter Ausgleich vereinbart werden, sollte sich der bislang nicht vertretene Ehegatte tunlichst einen eigenen Anwalt suchen.

Frage: *„Führt denn dies nicht dazu, dass dann das gesamte Verfahren noch streitiger wird, als dies ohnehin der Fall ist, so dass letztlich nur noch die Anwälte Freude an der Scheidung haben?“*

An dieser Stelle können Sie den guten vom schlechten Anwalt leicht unterscheiden. Ein guter Anwalt wird stets bemüht sein, die Parteien nicht in unnötige Streitereien zu treiben. Ein guter Anwalt versteht auch die emotionale Situation der Beteiligten und sieht seine Aufgabe hier in der Suche nach einem tragfähigen Kompromiss. Ob Sie nun einen guten Anwalt finden oder nicht, können Sie selbstverständlich vorher kaum wissen. Hier empfiehlt es sich gegebenenfalls Kontakt zu den Leidensgenossen aufzunehmen und sich dort zu erkundigen, wie denn deren Scheidungsverfahren anwaltlich gehandhabt wurde. Als fachlich versiert ausgewiesen sind jedenfalls die Anwälte, die den Zusatz „Fachanwalt für Familienrecht“ führen.

Problem: Beide Ehegatten wollen die Scheidung. Man will Kosten sparen und einigt sich darauf, einen gemeinsamen Anwalt zu beauftragen.

Trick: Der Mann beauftragt den Anwalt und erklärt diesem, dass er „beide“ Ehegatten vertreten solle. Er selber zahlt auch die Anwaltskosten. Der Anwalt unternimmt nun die „üblichen“ und „notwendigen“ Schritte und rechnet „für beide“ unter anderem den Unterhalt aus. Erst spät merkt die Ehefrau, dass ihr viel höhere Ansprüche zugestanden hätten.

Folge: Die Ehefrau wurde hier bewusst um berechtigte Ansprüche gebracht. Versucht sie, den Anwalt in Regress zu nehmen, weil er ihre Interessen nicht ausreichend vertreten hat, wird der Anwalt schnell darlegen, dass er ja nur vom Ehemann eine Vollmacht hatte und selber nie behauptet habe, für beide Eheleute tätig zu sein. Vielmehr habe ihn der Ehemann beauftragt, während die Ehefrau auf die Hinzuziehung eines eigenen Anwaltes verzichtet habe.

Die verloren gegangenen Ansprüche kann die Frau nachträglich nicht wiederherstellen, da es beim Unterhalt in aller Regel schon an der Inverzugsetzung fehlen dürfte.

Gegenmaßnahme: Wie mittlerweile klar geworden sein dürfte, ist es äußerst leichtsinnig, im Rahmen eines Scheidungsverfahrens allein wegen der Kosten auf einen eigenen Anwalt zu verzichten. Bei widerstreitenden Interessen ist es einem Anwalt untersagt, für beide Parteien tätig zu werden. Widerstreitende Interessen heißt im Rahmen des Scheidungsverfahrens, dass der Anwalt auch bei der kleinsten Unstimmigkeit das Mandat vollständig niederlegen müsste und keinen der beiden Ehegatten mehr vertreten dürfte. Aus diesem Grund wird kaum ein Anwalt ernsthaft beide Ehegatten vertreten. Er wird sich auch in den seltensten Fällen tatsächlich von beiden Ehegatten eine entsprechende Vollmacht unterschreiben lassen. Es empfiehlt sich immer für beide Parteien, sich anwaltlich beraten zu lassen. Die Anwälte werden ihre Parteien über sämtliche rechtlichen Möglichkeiten aufklären, und es liegt dann in den Händen der Parteien, ob sie sich über bestimmte Punkte letztlich gütlich einigen möchten oder nicht. Zwei Anwälte im Scheidungsverfahren bedeutet nicht zwingend Streit, sondern sichert lediglich, dass beide Parteien ordnungsgemäß ihre Rechte wahren können. Und auch die mittellose Ehefrau kann sich einen Anwalt im Scheidungsverfahren problemlos leisten, da sie, wenn sie denn mittellos ist, bei Gericht problemlos Prozesskostenhilfe beantragen kann und daher keine Anwaltskosten zu tragen hat.

Frage: *„Aber wer soll das dann bezahlen, und wie teuer ist denn überhaupt die anwaltliche Vertretung im Scheidungsverfahren?"*

Bezüglich der Kosten gilt grundsätzlich: Je weniger Punkte zwischen den Ehegatten streitig sind, desto günstiger wird für beide die gesamte Scheidung; je mehr Punkte streitig entschieden werden, desto teurer wird es. Wie teuer es letztlich wird, kann vorab überhaupt nicht beantwortet werden. Wer hier eine Antwort gibt, könnte auch die Frage beantworten, wie teuer denn ein Auto ist – bekanntermaßen können Sie ein Auto für 100 €, aber auch für 500.000 € erwerben. Wie teuer die Vertretung eines Anwalts im Scheidungsverfahren wird, bemisst sich nach Faktoren, die in der Regel zu Beginn des Mandates noch gar nicht bekannt sind. Zunächst einmal ist der beidseitige Nettoverdienst der Ehegatten entscheidend. Zum anderen werden die Kosten davon abhängen, wie viele Kinder vorhanden sind, da danach die Sorgerechtsregelung gebührenrechtlich bemessen wird. Im Übrigen hängt die weitere Verteilung der Kosten davon ab, in welcher Höhe Versorgungsanwartschaften übertragen werden. Diese Auskunft erfolgt jedoch zu einem relativ späten Zeitpunkt, so dass erst dann eine ernst zu nehmende Prognose über die Kosten gewagt werden kann. Diese Ausführungen sind jetzt sicherlich für Sie sehr unbefriedigend, so dass wir wenigstens für ein Beispiel die Kosten benennen wollen:

Beispiel: Der Ehemann verdient monatlich 1.500,– € netto. Die Ehe hat vier Jahre gedauert, die Ehefrau hat kein eigenes Einkommen, da sie ein gemeinsames minderjähriges Kind betreut. Das Sorgerecht ist streitig. Nach den Auskünften im Versorgungsausgleich ergibt sich, dass nur geringe Anwartschaften zu übertragen sind. Der Streitwert des Versorgungsausgleiches wird daher auf den Mindeststreitwert von 500,– € festgelegt. Die Gebührenrechnung des Anwaltes berechnet sich dann wie folgt:

Streitwert:	
Scheidung (3facher Nettomonatsverdienst):	4.500,– €
Sorgerecht:	900,– €
Versorgungsausgleich:	500,– €
Gesamtstreitwert:	5.900,– €
Hierauf entfallen 3 volle Gebühren zu je 338,– € =	1.014,– €
zuzüglich Auslagenpauschale in Höhe von 20,– € =	20,– €
zuzüglich 16 % MwSt. in Höhe von 165,– € =	**1.199,– €**

Dies wäre die Kostenrechnung des Anwaltes. Gerichtsgebühren würden anfallen in Höhe von 408,– €, so dass ein Gesamtbetrag in Höhe von **1.607,– €** zu zahlen wäre.

Hierbei muss jedoch berücksichtigt werden, dass in diesem Beispiel die Gewährung von Prozesskostenhilfe in Betracht kommen würde. Wenn davon auszugehen ist, dass der Ehemann Kindes- und Ehegattenunterhalt in Höhe von etwa 660 € zu leisten hat, würde ihm Prozesskostenhilfe mit der Auflage von Ratenzahlung in Höhe von etwa 30 € bewilligt werden. Das bedeutet, dass so die Gerichts- wie auch die eigenen Anwaltskosten in Höhe von monatlichen Raten zu 30 €, maximal jedoch mit 48 Raten, abgetragen werden.

Auch die Anwaltskosten der Ehefrau würden vollständig vom Staat getragen, so dass eine zusätzliche Belastung nicht entstehen würde. Aus diesem Grund ist es gänzlich unverständlich, wenn zwei Ehegatten aus Kostengründen nur einen Anwalt beauftragen wollen. Sehr häufig ist es so, dass insbesondere der Ehefrau, die gemeinsame minderjährige Kinder betreut, kein ausreichendes Einkommen zur Verfügung steht. Die anfallenden Anwalts- und Gerichtskosten werden in allen diesen Fällen vollständig vom

Staat getragen, sofern die Ehefrau nicht einen Prozesskostenvorschussanspruch gegen ihren Ehemann hat. Der Staat bringt damit zum Ausdruck, dass er den Interessenskonflikt durchaus erkennt und dem einkommensschwachen Ehegatten nicht die Möglichkeit nehmen will, sich in angemessener Weise vertreten zu lassen. Der einkommensschwache Ehegatte sollte daher diese ihm vom Staat angebotene Hilfe annehmen und einen eigenen Anwalt mit der Interessenswahrnehmung beauftragen.

Problem: Die Ehefrau hätte möglicherweise einen Anspruch auf Prozesskostenhilfe, möchte jedoch das Prozesskostenhilfeprüfungsverfahren vermeiden.
Trick: Die Ehefrau beantragt gegen den Ehemann die Zahlung eines Prozesskostenvorschusses.[26] Hierdurch wird der Ehemann verpflichtet, alle anfallenden, die Ehefrau betreffenden Gerichts- und Anwaltskosten in vollem Umfang schon vorab an die Ehefrau zu zahlen, damit sie in der Lage ist, diesen Prozess zu führen.
Folge: Der Ehemann trägt nunmehr nicht nur das eigene Prozesskostenrisiko, sondern auch schon vorab sämtliche Kosten der Ehefrau. Ihm wird hierdurch häufig ein solches Verfahren verleidet. Der außergerichtliche Verhandlungsspielraum der Ehefrau hat sich durch dieses Verhalten deutlich erhöht.
Gegenmaßnahme: Der Ehemann kann seiner Ehefrau Beträge zuwenden mit dem ausdrücklichen Hinweis, dass es sich hierbei um vorzeitige Zahlungen des später stattfindenden Zugewinnausgleichs handelt – er leistet also Zahlungen, die er in absehbarer Zeit ohnehin hätte leisten müssen.[27] Hierdurch ist die Ehefrau nicht mehr bedürftig und hat genügend eigenes Vermögen, um einen derartigen Prozess zu führen, so dass die Zahlung eines Prozesskostenvorschusses nicht mehr in Betracht kommt. Die Ehefrau verwendet nunmehr ihr eigenes Geld anstelle dessen des Mannes.

3. Die Kinder: Sorge- und Umgangsrecht

Bereits im Rahmen der Ausführungen zur Trennung hatten wir die wesentlichen Grundsätze des Sorge- und Umgangsrechtes angesprochen. Im Rahmen des Scheidungsverfahrens ist es nun so, dass nach dem seit 1.7.1998 geltenden Kindschaftsrecht eine Entscheidung über die elterliche Sorge für die Zeit nach Rechtskraft der Scheidung nicht mehr zwingend getroffen werden muss. Die gemeinsame elterliche Sorge kann beibehalten werden, wenn beide Eheleute dies wünschen. Will einer der beiden Elternteile das alleinige Sorgerecht erhalten, ist von ihm (oder ihr) darzulegen, warum die Ausübung des gemeinsamen Sorgerechtes nicht möglich ist. Auch hier wird sich das Gericht ausschließlich am Kindeswohl orientieren. Lässt sich nach Auffassung des Gerichtes das gemeinsame Sorgerecht nicht ausüben, wird das Sorgerecht auf einen der Elternteile übertragen, und zwar auf denjenigen, der die bestmögliche Förderung des Kindes gewährleisten kann. Ferner wird berücksichtigt, dass das Kind möglichst nicht aus seiner gewohnten Umgebung herausgerissen wird, seinen Freundeskreis und möglichst auch seine Bindungen an die Schule u.a. nicht verliert. Um dem Kind entsprechende Veränderungen zu ersparen, wird in der Regel derjenige der Ehegatten das Sorgerecht erhalten, der auch bislang das Kind betreut hat. Sind Geschwister vorhanden, wird in der Regel eine einheitliche Zuweisung der elterlichen Sorge erfolgen, so dass die Geschwister nicht „auseinander gerissen“ werden.

Frage: *„Man hört so oft, dass die gemeinsame Sorge auch für die Zeit nach der Scheidung das Beste für das Kind sein soll, stimmt das?“*

Hierüber gehen die Meinungen sehr auseinander. Eine nicht geringe Anzahl von Familienrichtern vertritt die Ansicht, dass das Kindeswohl durch die gemeinsame elterliche Sorge auch nach der Scheidung bestmöglich gewahrt wird, da nach wie vor beide Eltern in die Sorgeentscheidungen eingebunden werden und sich gleichermaßen für das Kind verantwortlich fühlen. Eine Entfremdung des Kindes zum nicht sorgeberechtigten Elternteil (in der Regel der Vater) soll so vermieden werden. Dieser Ansicht hat sich der Gesetzgeber mit der Reform des Kindschaftsrechtes angeschlossen.

Eine nicht minder große Zahl der Familienrechtler vertritt jedoch die gegenteilige Auffassung. Problematisch wird es nämlich immer dann, wenn über bestimmte Punkte bei den Eltern keine Einigkeit erzielt werden kann. Denn wenn eine wichtige Entscheidung zu treffen ist und die Ehegatten uneins sind, bedarf es einer gerichtlichen Entscheidung. Auch werden häufig Ärgernisse, die den anderen Ehegatten betreffen, zu Lasten der Kinder ausgetragen. Dass dies für das Kind nicht förderlich ist, bedarf wohl keiner näheren Erörterung. Wir sind daher der Ansicht, dass in den Fällen, in denen sich die Eheleute ohnehin über die weitere Erziehung und Entwicklung des Kindes einig sind, die Übertragung der elterlichen Sorge auf einen der Ehegatten nicht schadet, da es letztlich egal ist, wer genau das entscheidet, was ohnehin beide Ehegatten wollen. Herrscht jedoch Uneinigkeit über derartige Entscheidungen, hilft die gemeinsame elterliche Sorge nicht weiter, im Gegenteil, hier schadet sie nur. Es ist daher sinnvoll, das Sorgerecht einem einzigen Elternteil zu übertragen, wenn zweifelhaft ist, ob sich die gemeinsame Sorge wirklich vernünftig ausüben lässt. Angesichts der Wertung des Gesetzgebers obliegt es aber nun dem Elternteil, der die alleinige elterliche Sorge begehrt, genau darzulegen, ob und warum sich die gemeinsame Sorge nicht ausüben lässt.[28]

Problem: Die Frau will das alleinige Sorgerecht, der Mann möchte das gemeinsame Sorgerecht behalten. Gründe, das alleinige Sorgerecht zu beanspruchen, liegen objektiv jedoch nicht vor.

Trick: Die Frau behauptet zum einen, es fände zwischen ihr und dem Kindsvater bezüglich der Kindeserziehung schlichtweg keine Kommunikation statt. Bei allen Versuchen, Erziehungsfragen zu klären, würde der Ehemann abblocken und sich einer Diskussion entziehen. Im Rahmen der Auseinandersetzung über das Sorgerecht wird dem Ehemann mangelnde Erziehungsfähigkeit und Ähnliches vorgeworfen, bis sich der Ehemann seinerseits genötigt sieht, entsprechend gegen die Ehefrau auszusagen und gegebenenfalls sogar das alleinige Sorgerecht oder Teile davon zu beantragen.

Folge: Im Rahmen des Sorgerechtsstreites haben sich die Fronten nunmehr so verhärtet, dass in der Tat eine vernünftige einvernehmliche Linie bezüglich der Kindeserziehung nicht mehr gefunden werden kann. Durch die Konfrontation, auf die sich der Ehemann eingelassen hat, steigen die Chancen der Frau, das alleinige Sorgerecht zu erhalten.

Gegenmaßnahme: Sobald die Ehefrau versucht, das alleinige Sorgerecht zu beantragen, ist die beste Strategie für die Männer, zu lächeln und zu allen Fragen der Kindeserziehung zu nicken. Egal, wie kontrovers eine Sache gesehen wird, sollte der Kindsvater seine Meinung zwar kurz vortragen, die letztendliche Entscheidung aber der Frau überlassen und so seine Kompromissfähigkeit demonstrieren. Denn dann gibt es für das Gericht schlicht und ergreifend keinen Grund mehr, der Frau das alleinige Sorgerecht zu übertragen, da sich sämtliche Erziehungsprobleme offenbar auch gemeinsam lösen lassen, so dass es beim gemeinsamen Sorgerecht verbleibt. Wenn sich nach Abschluss des Sorgerechtsverfahrens das gemeinsame Sorgerecht stabilisiert hat, kann der Ehemann eigene Vorstellungen auch wieder hartnäckiger verfolgen.

Frage: *„Muss das Gericht denn auch eine Regelung bezüglich des Umgangs des Kindes treffen?“*

Nur wenn einer der Ehegatten eine ausdrückliche Regelung des Umgangsrechts beantragt, wird das Gericht eine entsprechende Entscheidung fällen. Wie im Kapitel zur Trennung (s. S. 17) bereits ausgeführt, wird in der Regel ein Umgangsrecht gewährt: alle 2 Wochen (alternativ: jedes 1. und 3. Wochenende eines Monats) samstags von 10 Uhr bis sonntags um 17 Uhr, jeder zweite der großen Feiertage wie Ostern, Pfingsten und Weihnachten sowie ein Teil der großen Ferien. Ist das Kind jünger als 4 Jahre, kommt eine Besuchsregelung in Betracht, die häufigere, aber kürzere Besuche vorsieht. Ist das Kind schon älter, wird es die Umgangsregelung mitbestimmen. In aller Regel erfolgt ohnehin eine Anhörung des Kindes.

Frage: *„Ja, aber wenn das Kind doch nun schon 1 1/2 Jahre vom anderen Elternteil betreut wird, dann ist doch klar, dass es entsprechend von diesem auch beeinflusst ist. Kann man dagegen nichts machen?“*

Dass eine Beeinflussung des Kindes durch den betreuenden Ehepartner stattfindet, ist unbestritten, jedoch allen Verfahrensbeteiligten sehr wohl bewusst. Man sollte in diesem Zusammenhang diese Einflussmöglichkeiten aber nicht überschätzen. Das Gericht ist in aller Regel auf Grund seiner langjährigen Erfahrung durchaus in der Lage, diese Mechanismen zu erkennen. Eine Beeinflussung bei der Anhörung wird zumindest dadurch abgemildert, dass die Anhörung in der Regel ohne die Beteiligung der anderen Verfahrensbeteiligten, insbesondere also nicht in Anwesenheit des betreuenden Elternteils, erfolgt. Bei diesen Anhörungen zeigt sich in aller Regel sehr deutlich der Wunsch des Kindes, ein gutes Verhältnis und geregelten Umgang mit dem anderen Elternteil zu haben.[29]

Umgekehrt tritt jedoch nicht selten der unseres Erachtens viel traurigere Fall ein, dass sich die Väter gänzlich von ihren Kindern abwenden und überhaupt keinen Umgang mit ihnen anstreben. Ein derartiges Verhalten schadet den Kindern sehr. Da die Ursache hierfür in der Regel nicht bei den Kindern, sondern in den Streitigkeiten der Eltern zu suchen ist, sollten sich diese ernsthaft darüber Gedanken machen, ob sie ihre Zwistigkeiten auf dem Rücken der Kinder austragen und diese für ihr gesamtes späteres Leben ernsthaft belasten wollen. Die Trennung und die Scheidung sind für die Kinder schon schlimm genug. Es sollte daher im Interesse aller Beteiligten liegen, diese Folgen für die Kinder so weit wie möglich abzumildern. Ein friedlicher Umgang im Rahmen der Sorgerechtsausübung und eine einvernehmliche Besuchsregelung sind daher dringend zu empfehlen.

Problem: Ein Umgangsrecht wurde mit dem Kindsvater vereinbart, der Kindsvater hält sich jedoch nur unregelmäßig an die vereinbarten Zeiten.

Trick: Die Kindsmutter gibt das Kind nur zu den vereinbarten Zeiten (plus minus eine Viertelstunde) heraus. Erscheint der Kindsvater innerhalb dieser Zeit nicht, verlässt sie das Haus und gewährt dem Kindvater auch zu anderen Zeiten kein Ersatzumgangsrecht. Nach mehreren Monaten schränkt sie das Umgangsrecht des Ehemannes deutlich ein.

Folge: Auf Grund des unregelmäßigen Ausübens des Umgangsrechtes wird auch das Gericht eine Einschränkung des Umgangsrechtes, zum Teil in sehr deutlichem Umfang, befürworten. Lässt der Kindsvater jedwede Regelmäßigkeit vermissen, kommt auch ein vollständiger Ausschluss des Umgangsrechtes in Betracht; jedenfalls wird das Gericht kaum durchgreifen, wenn die Mutter faktisch kein Umgangsrecht gewährt.

Gegenmaßnahme: Hat der Kindsvater das Umgangsrecht nur unregelmäßig ausgeübt, gilt es dringend wieder Kontinuität zu schaffen und die Ausfälle zumindest im Nachhinein ausreichend zu entschuldigen. Eine verlässliche Ausübung des Umgangsrechtes kann dann umgekehrt auch zu einer Ausweitung des Umgangsrechtes führen.

4. Der Versorgungsausgleich

Im Rahmen der Ehescheidung ist zwingend auch der Versorgungsausgleich vorzunehmen. Worum handelt es sich dabei? Der Versorgungsausgleich ist der Ausgleich der Rentenanwartschaften, die die Eheleute in der Ehezeit erworben haben.[30] Während des Verfahrens werden daher von den Eheleuten Auskünfte darüber eingeholt, wo sie Rentenansprüche in der Ehezeit erworben haben. Dies können Ansprüche im Rahmen der gesetzlichen Rentenversicherung sein, sei es aus Arbeitstätigkeit oder durch Kindererziehungszeiten. Rentenanwartschaften können jedoch auch aus betrieblichen Rentenkassen herrühren oder durch Lebensversicherungen, die auf reiner Rentenbasis abgeschlossen wurden, erworben sein. Wurde dem Gericht Auskunft erteilt, bei welchen Rententrägern Rentenanwartschaften erworben wurden, schreibt das Gericht diese Rententräger an und lässt sich von diesen Auskunft über die Höhe der jeweils erworbenen Anwartschaften geben. Sodann wird das Gericht, berechnet auf den Zeitpunkt der Rechtshängigkeit des Scheidungsantrags, die Anwartschaften hälftig zwischen den Eheleuten aufteilen.

Beispiel: Der Ehemann hat während der Ehezeit eine Rentenanwartschaft in Höhe von 500,– € erworben, die Ehefrau eine Rentenanwartschaft in Höhe von 100,– €. Das Gericht wird sodann die Hälfte der Differenz (½ von 400,– € = 200,– €) vom Rentenkonto des Ehemannes auf das Rentenkonto der Ehefrau übertragen.

Für den Moment ändert sich für die Eheleute dadurch noch gar nichts. Mit Rechtskraft der Scheidung wird diese Übertragung jedoch wirksam, die Rententräger werden ihre Rentenkonten entsprechend berichtigen. Erhält dann einer der beiden Ehegatten mit Erreichen des Rentenalters seine Altersrente, wird diese Übertragung beachtet, so dass der Ehemann dann eine entsprechend geringere Rente, die Ehefrau eine entsprechend erhöhte Rente erhält.

Der Grund für den Ausgleich der Rentenanwartschaften liegt darin, dass die Beiträge zur ehelichen Lebensgemeinschaft von beiden Ehegatten als gleichwertig angesehen werden. Dies bedeutet, dass die entgeltliche Arbeitsleistung genauso bewertet wird wie die Kindererziehung oder die Führung des Haushaltes. Wenn aber derjenige, der das Einkommen aus Arbeitsleistung erzielt, hierdurch Rentenanwartschaften erwirbt, während der andere derartige Anwartschaften durch seine Tätigkeit im Haushalt nicht erwirbt, so soll diese Benachteiligung ausgeglichen werden.

Der Versorgungsausgleich ist zwingend durchzuführen. Nur in Ausnahmefällen kann von der Durchführung des Versorgungsausgleiches abgesehen werden, und zwar folgendermaßen: Zum einen können die Eheleute durch Ehevertrag die Durchführung des Versorgungsausgleiches ausschließen, dies geht auch durch Scheidungsvereinbarung, sofern das Gericht diese genehmigt. Eine weitere Möglichkeit besteht im Ausschluss des Versorgungsausgleiches, wenn der übertragungsberechtigte Ehegatte seine Pflicht zur Beitragung zum Familienunterhalt gröblich verletzt hat.[31] Zieht zum Beispiel die Ehefrau fünf gemeinsame eheliche Kinder groß und hat Rentenanwartschaften lediglich durch Kindererziehungszeiten erworben, während sich der Ehemann auf die faule Haut gelegt und sich nicht um Arbeit bemüht, sondern lediglich von Sozialhilfe gelebt hat, so kann hier der Versorgungsausgleich ausgeschlossen werden, so dass im Falle der Scheidung die Ehefrau keine Rentenanwartschaften auf den Ehemann übertragen muss.

Problem: Die Eheleute streiten sich heftig über das Sorge- und Umgangsrecht bezüglich der gemeinsamen Kinder, die Ehefrau will hartnäckig das alleinige Sorgerecht erhalten. Umgekehrt möchte der Ehemann die Durchführung des Versorgungsausgleiches vermeiden, da er zu Recht den Verlust hoher Rentenanwartschaften fürchtet.
Trick: Der Ehemann bietet der Ehefrau an, sich der Übertragung des alleinigen Sorgerechtes auf die Ehefrau nicht weiter entgegenzustellen, wenn diese als Gegenleistung eine Scheidungsvereinbarung in notarieller Form unterzeichne, mit der die Durchführung des Versorgungsausgleiches ausgeschlossen wird.
Folge: Wird der Ausschluss des Versorgungsausgleiches wirksam, verliert die Ehefrau erhebliche Rentenansprüche, die sie bei Durch-

führung des Versorgungsausgleiches von ihrem Ehemann erhalten hätte. Ob ihr das alleinige Sorgerecht tatsächlich übertragen wird, hängt letztlich von der Entscheidung des Gerichtes ab. Die einmalige Übertragung des alleinigen Sorgerechtes bedeutet jedoch nicht unbedingt Gewissheit für die Zukunft, da bei sich ändernden Verhältnissen jederzeit eine neue Entscheidung über das Sorgerecht ergehen kann. Ist jedoch der Ausschluss des Versorgungsausgleiches einmal wirksam geworden, so ist dies endgültig.

Gegenmaßnahme: Der notarielle Ausschluss des Versorgungsausgleiches sollte weitestgehend gemieden werden. Wurde er dennoch vereinbart, sollte darauf geachtet werden, dass dieser Ausschluss nicht wirksam wird. Dies bedeutet, dass innerhalb von Jahresfrist nach Abschluss einer solchen notariellen Vereinbarung die Scheidung eingereicht werden sollte, so dass die Einigung keine Wirksamkeit erlangt.

Problem: Die Frau hat nicht nur die Kinder großgezogen, sondern nebenbei auch noch gearbeitet. Ihr Ehemann hingegen hat nicht gearbeitet und stellt bei der nun anstehenden Scheidung fest, dass seine Ehefrau Ansprüche erworben hat, die über die seinigen hinausgehen, so dass sie ihm eigentlich noch Rentenanwartschaften übertragen müsste.

Trick: Die Ehefrau beantragt den Ausschluss des Versorgungsausgleiches wegen Unbilligkeit und trägt in diesem Fall z. B. vor, dass der Ehegatte ohne ihre Billigung nicht oder über längere Zeit nicht zum Familienunterhalt beigetragen habe.

Folge: Das Gericht kann nunmehr die Durchführung des Versorgungsausgleiches wegen Unbilligkeit ausschließen, die Ehefrau behält sämtliche Rentenanwartschaften.

Gegenmaßnahme: Der Ehemann wird darlegen, dass Unbilligkeitsgründe nicht vorlagen, sondern dass er dadurch zum Unterhalt beigetragen habe, dass er die Familie versorgt, eingekauft, die Kinder mit erzogen und sich darüber hinaus stets zumindest um Arbeit bemüht, aber letztlich unverschuldet keine Arbeit gefunden habe. Gelingt es dem Ehemann, auch nur halbwegs nachvollziehbar darzulegen, dass es sich um eine normale Aufteilung der Aufgaben innerhalb der Ehe gehandelt habe, die auch im umgekehrten Falle gebilligt worden wäre, so kommt ein Ausschluss wegen Unbilligkeit nicht mehr in Betracht.

5. Ehewohnung und Hausrat

Mit der Scheidung kann einem der Ehegatten die gemeinsame Ehewohnung zugewiesen werden.

Frage: *„Was passiert, wenn der Vermieter sich weigert, den Ehemann aus den Mietvertrag zu entlassen?"*

Die Zuweisung der Ehewohnung kann sowohl gegen den Willen des anderen Ehegatten als auch gegen den Willen des Vermieters erfolgen.[32] Der Vermieter wird zwar zu dem Verfahren geladen und auch angehört; eine Entscheidung trifft letztlich jedoch das Gericht.

Problem: Der Mann hat die Ehewohnung verlassen, der Vermieter entlässt ihn jedoch noch nicht aus dem Mietvertrag. Die Frau hingegen möchte, dass sie alleine Mieterin der bisherigen Ehewohnung ist.
Trick: Der Vermieter wendet sich irgendwann „vertrauensvoll" an die Ehefrau und bietet ihr an, mit ihr unter Entlassung des Ehemannes aus dem Mietverhältnis einen neuen Mietvertrag abzuschließen, diesen hat er praktischerweise sogar schon vorbereitet und mitgebracht. Die Ehefrau ist glücklich und unterschreibt, stellt aber später fest, dass sich die Konditionen des Mietverhältnisses erheblich verschlechtert haben.
Folge: Jetzt ist zwar die Ehefrau alleinige Mieterin, hat jedoch nicht mehr die Vorteile des alten Mietvertrages, sondern muss die von ihr unterzeichneten Mietvertragsvereinbarungen akzeptieren.
Gegenmaßnahme: Auf keinen Fall sollte ein neuer Mietvertrag abgeschlossen werden. Weigert sich der Vermieter, den Ehemann aus dem Mietvertrag zu entlassen, so besteht mit Durchführung des Scheidungsverfahrens zum Scheidungstermin die Möglichkeit, durch Gerichtsentscheidung das Mietverhältnis allein auf die Ehefrau zu übertragen – zu den bisherigen Konditionen versteht sich. Der Vermieter ist in diesem Verfahren zu hören, seine Meinung interessiert die Gerichte jedoch in aller Regel nicht. So kann die Ehefrau auch gegen den Willen des Vermieters die Vorteile des alten Mietvertrages als alleinige Mieterin nutzen. Wurde das zusätzliche Verfahren nur deshalb notwendig, weil der Vermieter sich

vorher hartnäckig geweigert hat, eine entsprechende Umschreibung vorzunehmen, so kann das Gericht dem Vermieter sogar die hierfür angefallenen Kosten alleine auferlegen.[33]

Beispiel: Der Ehemann hatte bereits vor der Ehe die Wohnung angemietet. Er lernte dann seine spätere Ehefrau kennen, diese zog mit in die Wohnung, es kam zur Eheschließung, und auch die Geburt dreier Kinder führte nicht dazu, dass die Wohnung gewechselt werden musste.
Die Ehefrau betreute die Kinder, der Ehemann ging weiter arbeiten. Er bezahlte bislang auch die Miete, die Ehefrau selbst wurde in den Mietvertrag nicht gesondert aufgenommen. Nunmehr wird die Ehe geschieden, und die Ehefrau beantragt die alleinige Zuweisung der Wohnung unter Begründung eines Mietverhältnisses mit dem Vermieter. Ehemann und Vermieter wehren sich hartnäckig.
Das Gericht wird aller Voraussicht nach der Ehefrau die Ehewohnung zuweisen und ein Mietverhältnis zwischen ihr und dem Vermieter zu den Konditionen begründen, wie sie bislang mit dem Ehemann bestanden haben. Für die nicht verdienende, drei Kinder betreuende Ehefrau dürfte es nahezu ausgeschlossen sein, in angemessener Zeit eine andere Wohnung zu finden, den Umzug vorzunehmen und die neue Wohnung entsprechend einzurichten. Der allein verdienende Ehemann hat es diesbezüglich etwas leichter. Interessen des Vermieters, die Ehewohnung weiterhin nur dem Ehemann zur Verfügung zu stellen, haben hier keinen Vorrang. Die Mietzahlungen sind entweder durch Unterhaltszahlungen seitens des Ehemannes oder durch das Sozialamt gesichert. Weitere schutzbedürftige Interessen des Vermieters sind nicht ersichtlich. Der entgegenstehende Wille des Ehemannes und des Vermieters sind unbeachtlich.

Ein derartiges Zuweisungsverfahren kann als Scheidungsfolgesache beantragt werden, aber auch noch innerhalb eines Jahres nach Ausspruch der Scheidung.

Frage: *„Was aber passiert im Fall der Scheidung mit den Hausratsgegenständen?“*

Bezüglich der Hausratsgegenstände gelten weiterhin die Richtlinien, die im Kapitel zur Trennung bereits angesprochen wurden (s. S. 14). Allerdings werden die Hausratsgegenstände mit der Scheidung nicht nur zur Benutzung zugewiesen, sondern sie werden endgültig einem der beiden Ehegatten als Eigentum zugeordnet, so dass eine endgültige Auseinandersetzung erfolgen kann.[34]

Auch hier sei noch einmal dringend angeraten, die Aufteilung des Hausrates zwischen den Parteien zu regeln und die Inanspruchnahme gerichtlicher Hilfe tunlichst zu vermeiden.

Problem: Der Ehemann ist ausgezogen, ohne bei der Hausratsteilung großes Interesse gezeigt zu haben, und hat nur das Nötigste mitgenommen. Im Rahmen des Scheidungsverfahrens möchte er nunmehr die Hälfte des Hausrates zugewiesen bekommen. Die Ehefrau möchte natürlich behalten, was sie besitzt, und wehrt sich hartnäckig.

Trick: Was man hat, hat man. Diese alte Lebensweisheit gilt, wie wir eingangs schon einmal besprochen haben, erst recht für das Hausratsverfahren. Will der Ehemann später, sprich im Scheidungsverfahren oder bis zu einem Jahr danach, noch eine Hausratsteilung durchsetzen, so obliegt es ihm, sämtliche Hausratsgegenstände in einer entsprechenden Liste zu erfassen und einen geeigneten Teilungsvorschlag zu machen. Die Ehefrau kann in aller Ruhe abblocken. Sie wird die vorgelegten Listen stets als unrichtig rügen. Bestimmte Teile fehlen, andere sind möglicherweise nicht mehr vorhanden. Manche Sachen lassen sich nicht eindeutig zuordnen oder bewerten (Handtücher, Besteck, Geschirr oder Ähnliches). Die Ehefrau wird darüber hinaus auch immer darlegen können, warum sie selbst die Sachen braucht, die auch ihr Mann erhalten möchte. Der Mann hingegen wird es schwer haben, glaubhaft zu machen, warum er nun bestimmte Sachen benötigt, nachdem er sie die ganze Zeit nicht beansprucht hat.

Folge: Letztlich wird der Ehemann nur einen kleinen Teil dessen kriegen, was er ursprünglich zu erhalten erhoffte. Darüber hinaus werden die ihm zugewiesenen Gegenstände möglicherweise in einem erstaunlich schlechten Zustand sein, so dass sich im Nachhinein das Hausratsverfahren für ihn möglicherweise als wertlos entpuppt.

Gegenmaßnahme: Wenn einer das Haus verlässt, sollte er alles mitnehmen, was er tragen oder transportieren kann. Dieser mit der Gesetzeslage nicht vollständig in Einklang zu bringende Grundsatz bewahrt ihn davor, späterhin Schäden zu erleiden, die eigentlich ebenfalls mit der Gesetzeslage nicht in Einklang zu bringen sind. Hat er dies jedoch einmal versäumt, bleibt ihm eben nur der beschwerliche Gang durch das Hausratsverfahren. Allerdings kann er im Rahmen der endgültigen Zuweisung möglicherweise den Argumenten seiner Ehefrau folgen, die bestimmte Sachen selber zugewiesen erhalten möchte, und sich hierfür eine Entschädigung zusprechen lassen. Dies ist in aller Regel, sofern die Ehefrau überhaupt über Vermögen verfügt, sinnvoller, als nach Abschluss des Hausratsverfahrens zu Bruch gegangene Gegenstände bei der Ehefrau abzuholen. Vollständig korrigieren lassen sich jedoch die beim Auszug getätigten Fehler nicht mehr. Gegebenenfalls lässt sich eine Einigung bezüglich der Hausratsgegenstände auch leichter zwischen den Anwälten der Beteiligten aushandeln, als dies zwischen den Eheleuten selbst möglich ist.

6. Zugewinnausgleich

Die Zustellung des Scheidungsantrages an den anderen Ehegatten (Zeitpunkt der Rechtshängigkeit der Scheidung) hat, außer als Stichtag für die Berechnung des Versorgungsausgleichs, noch eine andere sehr wichtige Bedeutung. Dieser Zeitpunkt ist auch gleichfalls maßgeblich bei der Berechnung des Zugewinns.[35] Was aber ist Zugewinn? Leben die Ehegatten im gesetzlichen Güterstand der Zugewinngemeinschaft (das ist immer dann der Fall, wenn für den Fall der Eheschließung nichts anderes vereinbart wurde), dann gilt während der Ehe Folgendes: Jeder der Ehegatten behält sein *vor* der Ehe entstandenes Vermögen. Anschaffungen *während* der Ehe können entweder das Vermögen nur eines Ehepartners erhöhen oder aber von beiden Ehegatten getätigt werden. Sofern sich die Gegenstände nicht ausdrücklich einem der beiden Eheleute zuordnen lassen, wird vermutet, dass Anschaffungen immer für beide Ehegatten erfolgen. Es kommt daher nicht darauf an, wer etwa den Orientteppich gekauft bzw. bezahlt hat oder wer über diesen Teppich eine Quittung besitzt. Wenn beim Kauf nicht ausdrücklich festgehalten wurde, dass dieser Teppich alleine in das Eigentum eines der beiden Ehegatten fallen soll, so gilt, dass beide Ehegatten hälftiges Eigentum an ihm erworben haben. Wichtig ist jedoch festzuhalten, dass im gesetzlichen Güterstand der Zugewinngemeinschaft beide Ehegatten über getrennte Vermögen verfügen. Diese Vermögen müssen nun zu zwei Stichtagen bestimmt werden.

Der 1. Stichtag ist der Zeitpunkt der Eheschließung. Das Vermögen, welches beide Ehegatten zum Zeitpunkt der Eheschließung haben, wird auch als Anfangsvermögen bezeichnet. Dieses Anfangsvermögen kann nie kleiner als Null sein;[36] lässt sich die Höhe des Anfangsvermögens nicht ausdrücklich klären, wird gesetzlich vermutet, dass das Anfangsvermögen gleich Null ist.[37]

Der 2. Stichtag ist der Zeitpunkt der Rechtshängigkeit des Scheidungsantrages. Auch zu diesem Zeitpunkt wird geprüft, wie hoch das Vermögen beider Ehegatten ist. Nunmehr berechnet man für jeden Ehegatten gesondert den Zuwachs des Vermögens. Der Ehegatte mit dem größeren Vermögenszuwachs muss die Hälfte dieses überschießenden Teils an den anderen Ehegatten ausgleichen.[38]

Beispiel: Der Ehemann kommt mit 20.000,– € Schulden in die Ehe, die Ehefrau bringt ein Vermögen in Höhe von 10.000,– € ein. Zum Zeitpunkt der Rechtshängigkeit des Scheidungsantrages hat die Ehefrau ein Vermögen in Höhe von 110.000,– €, der Ehemann verfügt über ein Vermögen von 400.000,– €. Nunmehr wird der Vermögenszuwachs beider Eheleute berechnet:
Das Anfangsvermögen des Ehemannes belief sich nicht etwa auf 20.000,– € minus, da es negatives Vermögen nach dem Gesetz nicht gibt. Vielmehr betrug das Anfangsvermögen des Ehemannes 0,– €. Das Endvermögen des Ehemannes wird mit 400.000,– €, angenommen der Zugewinn des Ehemannes macht daher ebenfalls 400.000,– € aus.
Die Ehefrau hatte 10.000,– € Anfangsvermögen, das Endvermögen beträgt 110.000,– €, der Zugewinn der Ehefrau beläuft sich daher auf 100.000,– €. Der Ehemann hat daher 300.000,– € mehr Zugewinn als die Ehefrau. Hiervon muss er die Hälfte, mithin 150.000,– €, zum Ausgleich des Zugewinns an die Ehefrau zahlen.

Frage: „*Was aber, wenn der Ehemann die 400.000,– € Vermögen nur deshalb hat, weil er während der Ehezeit von seinen Eltern 200.000,– € geschenkt bekam (oder erbte)?*“

Vermögen, das ein Ehegatte während der Ehe geschenkt bekommt oder erbt, wird dem Anfangsvermögen zugerechnet.

Für den vorgenannten Beispielsfall bedeutet dies folgendes:

Das Anfangsvermögen des Ehemannes betrug 0,– € (die 20.000,– € Schulden werden nicht berücksichtigt, auch nicht bei nachfolgenden Schenkungen oder Erbschaften). Diesem Anfangsvermögen hinzugerechnet wird die Schenkung (oder Erbschaft) in Höhe von 200.000,– €, so dass sich nunmehr das Anfangsvermögen des Ehemannes auf 200.000,– € beläuft, das Endvermögen bleibt konstant mit 400.000,– €. Der Zugewinn des Ehemannes macht nunmehr jedoch nur noch 200.000,– € aus. Der Zugewinn der Ehefrau betrug 100.000,– €, die Differenz mithin ebenfalls 100.000,– €. Hiervon muss die Hälfte ausgeglichen werden, so dass der Ehemann in diesem abgewandelten Beispiel einen Betrag in Höhe von 50.000,– € an seine Ehefrau zahlen muss.

Die Darstellung ist jedoch nach wie vor unvollständig, da das Anfangsvermögen sowie die zwischenzeitlichen Zurechnungen noch entsprechend der Steigerung der Lebenshaltungskosten indexiert werden müssen, so dass Anfangs- und Endvermögen auch vergleichbar sind. Eine ausführliche Darstellung dieser Problematik im Rahmen dieses Ratgebers wäre jedoch unmöglich.

Im Übrigen sind die Probleme des Zugewinnausgleiches ohnehin noch weit komplizierter, insbesondere wenn es um die Berechnung von Anfangs- oder Endvermögen bei Unternehmen oder Unternehmensbeteiligungen geht. Auch in diesen Fällen werden Sie nicht umhinkommen, einen Anwalt mit der Berechnung und Durchsetzung Ihrer Ansprüche zu beauftragen. Die Gefahr, dass Sie sich ohne anwaltliche Vertretung leicht „über den Tisch ziehen lassen“, ist hier fast noch größer als im Unterhaltsrecht.

Problem: Die Eheleute wollten bezüglich des Zugewinnausgleichverfahrens ein gerichtliches Verfahren vermeiden und haben bereits zu Beginn der Trennung quasi einen „Zugewinnausgleich“ durchgeführt in der Gestalt, dass sie den Zugewinn auf das Trennungsdatum berechnet und ausgeglichen haben.

Trick: Als später das Scheidungsverfahren durchgeführt wird, überrascht der Ehemann seine Ehefrau mit einer Folgesache Zugewinnausgleich und trägt vor, dass sich sein Vermögen bis zum durch die Einreichung des Scheidungsantrages vorgegebenen Stichtag deutlich verringert hat. Dies kann diverse Ursachen gehabt haben, der Ehemann kann möglicherweise Schulden gemacht und wieder bezahlt haben, er hat vielleicht Spekulationsverluste erlitten oder Ähnliches. Die brave Ehefrau, die ihr Vermögen ordnungsgemäß angelegt hat, fällt aus allen Wolken und ist der Ansicht, dass doch nicht noch einmal ein Zugewinnausgleich durchgeführt werden kann. Durch die Vermögensverschiebungen des Ehemannes errechnet sich jedoch in der Tat nunmehr ein Zugewinnausgleich von beispielhaft 30.000 €.

Folge: Der Zugewinnausgleich ist durchzuführen. Von krassen Ausnahmen abgesehen, in denen eine der Parteien Vermögen bewusst verschleudert (was aber auch erst einmal nachgewiesen werden muss), gelten die normalen Stichtagsprinzipien mit der Folge, dass in der Tat nunmehr erstmals ein ordnungsgemäßer Zugewinnausgleich durchgeführt wird und die Ehefrau für ihre ordnungsgemäße Vermögensverwaltung noch bestraft wird.

Gegenmaßnahme: Wenn die Ehefrau nicht wirklich einen Fall der Vermögensverschleuderung nachweisen kann, wird sie in solchen Fällen häufig auf dem Schaden sitzen bleiben. Es ist deshalb zwingend darauf zu achten, dass nicht ein vorzeitiger „Zugewinnausgleich", berechnet auf irgendein Trennungsdatum, durchgeführt wird, wenn nicht wenigstens gleichzeitig auch eine endgültige Vereinbarung über den Zugewinnausgleich erfolgt. Führt man dennoch einen vorzeitigen Ausgleich (quasi des Zugewinns) durch, sollte zwingend vereinbart werden, dass späterhin ein Zugewinnausgleich ausgeschlossen ist.[39] Nur so hätte sich die Ehefrau in diesem Beispiel wirksam schützen können.

Nicht dargestellt werden kann im Rahmen dieses Ratgebers der Bereich der Sonderfälle, in denen durch Erbringen eigener Arbeitsleistungen Wertverbesserungen beim Vermögen der Ehefrau oder der Schwiegereltern erfolgten oder in denen es um Vermögenspositionen geht, die durch jahrzehntelange Mitarbeit im Betrieb des Ehemannes zu eher symbolischen Löhnen entstanden.[40]

Die höchstrichterliche Rechtsprechung entwickelt sich hier langsam, aber stetig fort. Es ist jedoch notwendig, dass Sie Ihrem Anwalt Hinweise auf derartige Problemlagen geben, so dass dieser dann die entsprechenden Schritte ergreifen kann.

Problem: Die Ehefrau erwartet Zugewinnausgleichsansprüche in gut sechsstelliger Höhe. Sie weiß nun nicht, ob sie diesen Zugewinnausgleichsanspruch schon im laufenden Scheidungsverfahren oder erst nach Abschluss des Scheidungsverfahrens geltend machen soll.

Trick: In den Fällen, in denen ein hoher Zugewinnausgleich erwartet wird, empfiehlt es sich dringend, das Scheidungsverfahren schnell abzuschließen und sodann unmittelbar nach dessen Abschluss ein isoliertes Zugewinnausgleichsverfahren anhängig zu machen – nachdem der Gegner bezüglich der Ausgleichszahlung in Verzug gesetzt wurde, versteht sich.

Folge: Macht die Ehefrau die Zugewinnausgleichsforderung im laufenden Scheidungsverfahren geltend, wird der Zugewinnausgleichsanspruch zunächst vollständig im Scheidungsverfahren ermittelt, bevor es letztlich zur Scheidung kommt. Soweit es sich um umfangreiche Vermögen handelt, bereitet aber die Ermittlung des ausgleichpflichtigen Vermögens häufig große Schwierigkeiten und kann sich durchaus über mehrere Jahre hinziehen. Der Anspruch auf Ausgleich des Zugewinns ist jedoch erst mit der Scheidung fällig, sprich nach Ablauf der gesamten Verfahrensdauer.

Macht jedoch die Ehefrau den Ausgleichsanspruch unmittelbar nach Abschluss des Scheidungsverfahrens geltend, wird der Anspruch, da die Scheidung nunmehr rechtskräftig ist, sofort fällig und ist zu verzinsen. Alleine diese Zinsansprüche können bei mehrjähriger Verfahrensdauer erkleckliche fünfstellige Summen ausmachen. Allein die Wahl des Verfahrens bestimmt daher, ob und in welcher Höhe die Ehefrau hier Zinsansprüche geltend machen kann.

Vorsicht ist lediglich angebracht in den Fällen, in denen die Ehefrau für das Verfahren Prozesskostenhilfe beantragt, da zumindest das Oberlandesgericht Hamm davon ausgeht, dass die Trennung des Zugewinnausgleichsverfahrens aus dem Verbund mutwillig ist und unnötige Kosten verursacht. Dass Verzinsungseffekte eine wirtschaftlich größere Bedeutung haben können als die Verfahrenskosten selbst, wurde vom OLG Hamm nicht nachvollzogen.

Gegenmaßnahme: In derartig gelagerten Fällen ist es möglicherweise für den Ehemann interessant, das Zugewinnausgleichsverfahren in das Scheidungsverfahren hineinzuziehen. Dies kann z. B. dadurch geschehen, dass er selber einen Auskunftsanspruch gegen die Ehefrau geltend macht und garantiert bei den gegnerischen Anwälten ein Aufgreifen des Zugewinnausgleichsverfahrens provoziert.

7. Unterhalt für die Zeit nach der Scheidung

Soweit es um Kindesunterhalt geht, verweisen wir auf unsere Darstellung im 1. Kapitel zur Trennung, da zu diesem Thema vor und nach Abschluss des Scheidungsverfahrens dieselben Richtlinien gelten. Was den Unterhaltsanspruch nach Rechtskraft der Scheidung angeht, so kann auch dieser Themenbereich im Rahmen eines solchen Ratgebers nicht ansatzweise umfassend behandelt werden. Wir möchten jedoch ein paar wichtige Punkte ansprechen, die in der Praxis häufig falsch gemacht oder falsch gedacht werden.

Zuerst ist anzumerken, dass der Unterhaltsanspruch für die Zeit nach der Scheidung vom Unterhaltsanspruch während der Trennungszeit völlig verschieden ist. Dies hat als erste und häufig vergessene Folge, dass der Unterhaltsschuldner erneut in Verzug gesetzt werden muss. Dies geschieht zur Vermeidung von Rechtsnachteilen zweckmäßigerweise unverzüglich nach Rechtskraft der Scheidung. Aber auch die Begründung des Unterhaltsanspruches unterscheidet sich grundsätzlich. Das Gesetz geht nämlich eigentlich davon aus, dass nach Rechtskraft der Scheidung Unterhaltsansprüche wechselseitig nicht mehr bestehen, da jeder von nun an für sich selbst zu sorgen hat. Dieser Grundsatz wird jedoch durch eine Reihe von Anspruchsgrundlagen derart durchbrochen, dass dieser Grundsatz in der Praxis nicht die Regel ist. Unterhaltsansprüche entstehen aus folgenden Gründen:

- Unterhalt wegen Betreuung eines Kindes[41]
- Unterhalt wegen Alters[42]
- Unterhalt wegen Krankheit oder Gebrechen[43]
- Unterhalt bis zur Erlangung neuer Erwerbstätigkeit[44]
- Unterhalt wegen Ausbildung, Fortbildung oder Umschulung[45]
- Unterhalt aus Billigkeitsgründen[46]

Wichtig ist jedoch zu wissen, dass ein Unterhaltsanspruch in der Regel nicht erst geraume Zeit nach der Scheidung entstehen kann. Grundsätzlich ist davon auszugehen, dass ein Unterhaltsanspruch bereits zum Zeitpunkt der Rechtskraft der Scheidung bestehen muss; fällt einer der oben genannten Gründe fort, muss sich ein anderer Unterhaltstatbestand zumindest unverzüglich anschließen, wenn es nicht zum vollständigen Wegfall des Unterhaltsanspruches kommen soll. Zu den einzelnen Ansprüchen sei kurz Folgendes gesagt:

Sofern eines oder mehrere minderjährige Kinder betreut werden, kann es dem die Kinder Betreuenden in der Regel nicht zugemutet werden, eine Erwerbstätigkeit aufzunehmen. Dies gilt jedenfalls dann, wenn das jüngste der zu betreuenden Kinder die 4. Grundschulklasse noch nicht vollendet hat.[47] Hat das jüngste der zu betreuenden Kinder die fünfte Klasse erreicht, kommt zumindest die Aufnahme einer Halbtagstätigkeit, gegebenenfalls im Rahmen eines 400 €-Jobs, in Betracht. Hat das jüngste zu betreuende Kind bereits das 15. Lebensjahr vollendet, ist in der Regel auch die Aufnahme einer Vollzeitbeschäftigung zumutbar.[48]

Unterhalt wegen Alters kommt dann in Betracht, wenn auf Grund des Alters des geschiedenen Ehegatten die Aufnahme einer Arbeit nicht mehr erwartet werden kann. Dies ist insbesondere dann der Fall, wenn die geschiedene Ehefrau mit Rechtskraft der Scheidung oder nach Beendigung der Betreuung eines minderjährigen Kindes das 55. Lebensjahr deutlich überschritten hat.

Wir können hier nicht alle Unterhaltsansprüche behandeln, wichtig ist jedoch noch, darauf hinzuweisen, dass auch der Ehegatte einen Unterhaltsanspruch hat, der auf Grund der Eheschließung eine Berufsausbildung abgebrochen und nach der Trennung wieder aufgenommen hat.

Unterhalt aus Billigkeitsgründen kann insbesondere dann in Betracht kommen, wenn während einer langjährigen Ehe der eine Ehegatte ein sehr hohes Einkommen erzielt hat, welches auch die ehelichen Lebensverhältnisse nachhaltig prägte, der andere, nunmehr geschiedene Ehegatte jedoch nur ein geringes Einkommen erzielen kann. In diesen Fällen kann das geringe Einkommen aus Billigkeitsgründen aufgestockt werden.

Zur Berechnung des Unterhaltes verweisen wir auf die zugegeben mageren Ausführungen im Rahmen der Berechnung des Trennungsunterhaltes. Den enttäuschten Lesern zum Trost sind in den Anlagen die Düsseldorfer Tabelle und die Unterhaltsleitlinien des OLG Hamm abgedruckt sowie einige Berechnungsbeispiele beigefügt.[49] Wer nach dieser Lektüre jedoch zu Recht meint, dass dieses Gebiet sich nicht dafür eignet, vom juristischen Laien beackert zu werden, der sollte sich vertrauensvoll an seinen Anwalt wenden. Auch hier gilt wieder: Den Schaden, den Sie selber durch unrichtige Behandlungen eines Falles verursachen, tragen Sie selbst, den Schaden, den ein Anwalt durch unrichtige Behandlung verursacht, trägt dessen Haftpflichtversicherung. Und Unterhalt, den Sie selber falsch berechnet und daher möglicherweise nicht oder nicht in voller Höhe geltend gemacht haben, bleibt in aller Regel ein für allemal verloren.

Problem: Über den Trennungsunterhalt wurde lange gestritten, die Frau bezog bislang Sozialhilfe. Mit dem Scheidungsverfahren wurde zeitnah auch das Trennungsunterhaltsverfahren abgeschlossen. Der Ehemann wurde zu Unterhaltszahlungen verurteilt und hat sich bezüglich des rückständigen Unterhaltes auch schon mit dem Sozialamt in Verbindung gesetzt.
Trick: Der Ehemann zahlt auch nach der Scheidung keinen Unterhalt und erklärt der Frau, der Unterhaltskomplex sei ja nunmehr vom Gericht geregelt, er werde sich schon mit dem Sozialamt in Verbindung setzen. Die Frau unternimmt nichts.
Folge: Die Frau verliert einen Teil ihrer Unterhaltsansprüche. Der Trennungsunterhalt ist nicht identisch mit dem Unterhalt, der nach der Scheidung an die Ehefrau zu zahlen ist (anders ist es beim Kindesunterhalt). Für die Zeit nach der Scheidung muss der Ehemann bezüglich der Unterhaltszahlungen erneut ausdrücklich in Verzug gesetzt werden. Geschieht dies nicht, kann der rückständige Unterhalt (von der Scheidung bis zur Inverzugsetzung) später nicht mehr nachgefordert werden.
Gegenmaßnahme: Unmittelbar nach der Scheidung ist der Ehemann sofort erneut bezüglich des geschiedenen Unterhaltes in Verzug zu setzen. Möglich ist auch, den Trennungsunterhalt nicht im Wege eines normalen Hauptverfahrens, sondern als normalen Unterhalt im Rahmen einstweiliger Anordnung titulieren zu lassen mit der Folge, dass diese einstweilige Anordnung auch über den Scheidungstermin hinaus wirkt, also eine größere Wirkung entfaltet als das Hauptsacheverfahren in gleicher Sache.[50]

Frage: *„Muss ich denn nun in alle Ewigkeit Unterhalt zahlen, oder gibt es auch die Möglichkeit, den Unterhaltsanspruch zu begrenzen oder auszuschließen?“*

Der Unterhaltsanspruch besteht in der Regel so lange, wie der Unterhaltsgläubiger bedürftig ist. Dies kann insbesondere bei der Betreuung minderjähriger Kinder durchaus ein sehr langer Zeitraum sein. Wird jedoch Unterhalt nicht wegen Kindesbetreuung gefordert, kommt namentlich bei Kurzehen (etwa bis zu 3 Jahren) eine Begrenzung des Unterhaltsanspruches in zeitlicher Hinsicht in Betracht.

Problem: Der Ehemann hat Unterhalt zu zahlen, Grund und Höhe sind jedoch streitig. Der Ehemann befürchtet insbesondere, ein Leben lang zu Unterhaltszahlungen verpflichtet zu sein, wenn er erst einmal mit den Zahlungen beginnt.

Trick: Der Streit um den Unterhaltsanspruch wird extrem verschärft. Der Mann trägt vor, dass die Frau überhaupt keinen Unterhaltsanspruch hat, weil sie entweder (angeblich) über ein eigenes Einkommen verfüge oder verfügen könnte oder aber die Berechtigung auf Unterhalt aus irgendeinem Grund verwirkt habe. Dann plötzlich bietet er der Frau einen eigentlich zu hoch bemessenen Unterhalt an, jedoch streng befristet, etwa für die Dauer von drei Jahren. Für die Zeit danach wird ein vollständiger Unterhaltsverzicht vereinbart.

Folge: Soweit sich die Eheleute noch im Stadium der Trennung befinden, ist ein Unterhaltsverzicht grundsätzlich unwirksam. Für den Geschiedenenunterhalt jedoch wäre ein solcher Unterhaltsverzicht wirksam, wenn nicht die Ehefrau erkennbar nach Ablauf der Befristung auf Sozialhilfe angewiesen sein wird. Durch die vorgenommene Befristung hat der Ehemann ein genau kalkulierbares Risiko erreicht, das, vorerst scheinbar teuer erkauft, sich in den Folgejahren als Segen erweisen kann.

Gegenmaßnahme: Akzeptieren Sie unter keinen Umständen eine Befristung. Nur wenn erkennbar eigentlich kein Unterhaltsanspruch gegeben ist, kommt eine Befristung in Betracht. Ansonsten sollte über Grund und Höhe bis zum bitteren Ende gestritten werden.

Möglich ist auch, dass der Unterhaltsgläubiger seinen Unterhaltsanspruch verwirkt. Dies ist namentlich in den Fällen anzunehmen, wenn sich der Unterhaltsberechtigte eines Verbrechens oder eines schweren Vergehens gegen den Unterhaltsschuldner schuldig gemacht hat. Dies ist aber auch dann der Fall, wenn der Berechtigte seine Bedürftigkeit mutwillig herbeigeführt hat. Ein solcher Fall kann zum Beispiel vorliegen, wenn der unterhaltsberechtigte Ehegatte nur deshalb unterhaltsberechtigt sein würde, weil er auf

Grund von Krankheit nicht arbeiten kann, diese Krankheit jedoch selber herbeigeführt hat oder gegen seine Krankheit nichts unternimmt.

> **Beispiel:** Während der Ehe lag eine so genannte Hausmannehe vor. Die Ehefrau ist eine gut verdienende Ärztin, der Ehemann hat während der Ehe den Haushalt geführt. Kinder sind aus der Ehe nicht hervorgegangen. Während der Trennung hat der Ehemann eine Arbeitsstelle angetreten. Er ist jedoch durch häufigen Alkoholgenuss aufgefallen und erhielt entsprechende Abmahnungen.
> Nun wird festgestellt, dass der Ehemann alkoholkrank ist. Der Ehemann begibt sich daraufhin in eine Therapie, die er jedoch nach 2 Tagen wieder abbricht und sofort rückfällig wird. Deshalb wird dem Ehemann vom Arbeitgeber gekündigt.
> Der Ehemann macht nunmehr Unterhaltsansprüche wegen seiner Alkoholabhängigkeit, die als Krankheit anerkannt wurde, geltend. Gleichwohl kann er hier mit seinem Unterhaltsanspruch ausgeschlossen sein, da er die Therapie mutwillig abgebrochen hat. Hätte er die Therapie fortgeführt, wäre es nicht zur Kündigung und damit nicht zur Bedürftigkeit des Ehemannes gekommen. In derartigen Fällen kommt daher auch ein Ausschluss des Unterhaltsanspruches in Betracht.[51]

Problem: Die Ehefrau betreute bislang die minderjährigen Kinder, die nunmehr erwachsen sind. Sie erhielt wegen der Betreuung der Kinder bislang Ehegattenunterhalt von ihrem Mann; da die Kinder nun nicht mehr betreut werden müssen, würde dieser Rechtsanspruch entfallen. Die Frau ist jedoch mittlerweile ernsthaft erkrankt. Es droht Erwerbsunfähigkeit.
Trick: Die Ehefrau hat dringend darauf zu achten, dass ein Unterhaltsanspruch, egal aus welchem Grund, permanent fortbesteht. Reißt der Unterhaltsanspruch einmal ab, kann im Nachhinein nach einer Phase des fehlenden Unterhaltsanspruches dann kein Unterhalt wegen eines anderen Grundes beantragt werden. Die Kontinuität eines Unterhaltsanspruches von dem Tag der Scheidung an ist unbedingt einzuhalten, denn auch nur eine Phase von drei Monaten, in der die Ehefrau keinen Unterhaltsanspruch hatte, führt dazu, dass Unterhaltsansprüche verloren sind.
Folge: Hat die Ehefrau den Unterhaltsanspruch abreißen lassen, z. B. durch kurzzeitige Arbeitsaufnahme, geht sie für die Zukunft leer aus. Haben sich die Unterhaltsansprüche nahtlos aneinander gereiht, bezieht sie möglicherweise ein Leben lang Unterhalt.

Gegenmaßnahme: Umgekehrt wird der Ehemann alles daran setzen, den Unterhaltsanspruch abreißen zu lassen. Er wird insofern selber möglicherweise sehr bemüht sein, seiner Ehefrau eine angemessene Erwerbstätigkeit zu verschaffen, so dass sie zumindest für ein paar Monate nicht auf Unterhalt angewiesen ist mit der Folge, dass später auftretende Erkrankungen oder Erwerbsunfähigkeit letztlich nicht mehr zu einem Aufleben des Unterhaltsanspruches führen.

Frage: *„Muss ich denn auch Unterhalt zahlen, wenn meine geschiedene Ehefrau nunmehr mit einem anderen Mann zusammenlebt?"*

Die Antwort auf diese Frage ist ein klares „Das kommt darauf an".

Es hängt davon ab, ob sich an der Bedürftigkeit der Ehefrau etwas geändert hat. Alleine das Zusammenleben der Ehefrau mit einem anderen Partner lässt den Unterhaltsanspruch nicht ohne weiteres entfallen. Häufig kann dies jedoch dazu führen, dass die Höhe des Unterhaltes erneut zu berechnen ist. Erbringt nämlich die Ehefrau gegenüber ihrem neuen Lebenspartner Versorgungsleistungen, für die dieser – würde er eine fremde Kraft hiermit beauftragen – normalerweise Entgelt zahlen müsste, so muss sich die Ehefrau dieses Entgelt fiktiv als Einkommen zurechnen lassen.

Beispiel: Die geschiedene Ehefrau ist mit ihrem neuen Lebensgefährten zusammengezogen. Der neue Lebensgefährte bezahlt alleine die Miete in Höhe von insgesamt 400,– €, die geschiedene Ehefrau führt ihrem neuen Lebenspartner darüber hinaus den Haushalt, kauft ein, wäscht und kocht für ihn.
In einem solchen Fall müsste sich die geschiedene Ehefrau ein fiktives Einkommen zurechnen lassen. Zum einen erspart sie hälftige Mietzahlungen, zum anderen erbringt sie Versorgungsleistungen, deren Wert sicherlich nur sehr schwer zu bemessen ist.
Die Gerichte schätzen in solchen Fällen und würden in einem ähnlich gelagerten Fall etwa 250,– bis 500,– € an Versorgungsleistungen zurechnen. Insgesamt könnte dies dazu führen, dass sich die Ehefrau nunmehr einen Betrag in Höhe von etwa 450,– bis 700,– € (incl. Mietvorteil) auf den Unterhaltsanspruch anrechnen lassen muss. Wenn der Unterhaltsanspruch ohnehin geringer als 450,– € ist, würde er vollständig entfallen.

Problem: Der Unterhalt an die Ehefrau ist geschuldet. Der Ehemann hofft darauf, dass die Ehefrau bald mit einem anderen Partner zusammenzieht. Die Ehefrau indes hat keinerlei derartige Ambitionen.
Trick: Ein Freund des Ehemannes „opfert" sich, fängt ein Verhältnis mit der geschiedenen Ehefrau an und achtet darauf, dass eine gemeinsame Versorgung stattfindet. Man isst zusammen zu Mittag und zu Abend, man kauft gemeinsam ein usw.
Folge: Die geschiedene Ehefrau erbringt nunmehr Versorgungsleistungen gegenüber dem Freund des Ehemannes, was zu einer Anrechnung fiktiven Einkommens und zu einer Verminderung des Unterhaltsanspruches der Ehefrau führt. Umgekehrt hingegen hat die Ehefrau keinerlei Ansprüche gegen den Freund, da derartige Ansprüche einer nichtehelichen Lebensgemeinschaft fremd sind. Ohne dass der Ehefrau tatsächlich Geld zugeflossen ist oder sie Vermögensvorteile ziehen kann, verringert sich dennoch ihr Unterhaltsanspruch gegen den Ehemann.
Gegenmaßnahme: Die geschiedene Ehefrau muss darauf achten, dass sie keine Männer mehr versorgt. Sie kann Freunde und Liebhaber haben, soviel sie will, aber sie sollte stets ihre eigenen Sachen einkaufen, nur ihre eigene Wäsche waschen und für sich selber bügeln. Gegebenenfalls kann es helfen, mehrere Freunde zu haben und sich abwechselnd mit diesen in der Öffentlichkeit zu zeigen, um so den Nachweis einer festen Lebensgemeinschaft mit einem Partner und die damit mögliche Zurechnung eines fiktiven Einkommens zu unterlaufen.

Problem: Der Ehemann ist unterhaltsverpflichtet. Die Ehefrau hat den Unterhalt auch geltend gemacht, über Grund und Höhe des Unterhaltsanspruches lässt sich kaum streiten. Der Ehemann sucht dennoch einen Weg, den Unterhaltsanspruch zu umgehen.
Trick: Der Ehemann deutet selbst oder über Dritte gegenüber seiner Ehefrau an, dass sie beim Unterhalt ja eigentlich hereingelegt worden sei, da er ja noch weitere Einkünfte aus Schwarzarbeit erziele. Gleichzeitig droht er ihr, sie solle ja nicht versuchen, das irgendwo publik zu machen, sonst würde sie ihr blaues Wunder erleben. Und wenn sie glaube, dass sie einen höheren Unterhalt erzielen könne, habe sie sich geirrt. Die Ehefrau, hierdurch provoziert, versucht nun, die angebliche Schwarzarbeit zu ermitteln,

findet jedoch keinerlei Anhaltspunkte. Also erstattet sie beim Finanzamt Anzeige und erklärt, ihr Ehemann erziele „schwarze" Arbeitseinkünfte, man möge doch einmal ermitteln, wo und in welcher Höhe. Gleichzeitig teilt sie dem Arbeitgeber des Ehemannes mit, dass dieser nebenbei schwarzarbeite, und hofft nun auf höheren Unterhalt.

Folge: Die Ehefrau ist hier möglicherweise in die Verwirkungsfalle hineingelaufen. Wenn die Ehefrau ihren Ehemann anzeigt und versucht, ihm einen Vermögensschaden zuzufügen oder sein Einkommen, auch aus Schwarzarbeit, zu mindern, verwirkt sie nach der Rechtsprechung einiger Gerichte ihren eigenen Unterhaltsanspruch.[52] Dies gilt sogar in den Fällen, in denen eine solche Anzeige zu Recht geschieht, weil der Ehemann tatsächlich Schwarzarbeit leistet.

Gegenmaßnahme: Die Ehefrau zeigt den Ehemann nicht an, sondern fragt gegebenenfalls bei den Behörden nur nach, ob dort noch weitere Einkünfte bekannt sind. Wenn sie Unterhalt wegen Kindesbetreuung minderjähriger Kinder erhält, kann ihr das Recht auf Unterhaltszahlungen im Übrigen nicht abgesprochen werden, da sich dies letztlich zum Nachteil der minderjährigen Kinder auswirken würde und daher in diesen Fällen ausnahmsweise eine Verwirkung nicht in Betracht kommt.

Frage: *„Ist es für mich als Ehefrau günstiger, schon während der Ehe, spätestens aber während der Trennung eine Arbeit aufzunehmen, oder soll ich damit lieber warten, bis die Scheidung hinter mir liegt?"*

Noch in der Vorauflage hatte ich an dieser Stelle geraten, lieber eine Tätigkeit für 50,– € aufnehmen, als später von den Gerichten nachteilige Unterhaltsurteile zu erhalten. Grund war bis dato eine unterschiedliche Kalkulation der Gerichte, je nachdem, ob die Ehefrau bereits bei bestehender Ehe verdient hatte (dann Differenzmethode) oder nicht (dann Anrechnungsmethode). Warum dies so war und wieso dies letztlich im Unterhalt zu Abweichungen von durchaus einigen hundert Euro führen konnte, muss nun jedoch nicht mehr erörtert werden, da der BGH mit seiner Entscheidung zur Haushaltsführungsehe vom 13. 6. 2001[53] hier endlich einen Schlussstrich gezogen hat und die Rechtsprechung ihm soweit ersichtlich geschlossen folgt. Nun wird auch die Ehefrau, die während der Ehe den Haushalt geführt hat, bei späterer Arbeitsaufnahme nicht benachteiligt. Jetzt scheint die Rechtsprechung hier fast ins Gegenteil umzuschlagen, da die Ehefrau im Falle nicht geschuldeter (sogenannter überobligatorischer) Tätigkeit mit den daraus resultierenden Einkünften (zumindest anteilig) nach der Anrechnungsmethode berechnet wird, während bei geschuldeter Tätigkeit die günstigere Differenzmethode zur Anwendung kommt. Hier wird es auf den jeweiligen Einzelfall ankommen, mit welcher Strategie und mit welcher Argumentation man sich auf den Unterhaltsprozess vorbereitet. Als Fazit halten wir hier aber erst einmal fest, dass eine frühzeitige Arbeitsaufnahme zur Vermeidung von Nachteilen auf Basis der aktuellen Rechtsprechung nicht mehr nötig ist.

Die letzte Frage hat jedoch auch deutlich gemacht, dass es sich möglicherweise empfiehlt, schon **vor** der Trennung einen Anwalt aufzusuchen und diesen um Rat zu fragen. Unter Umständen kann es sehr sinnvoll sein, bestimmte Veränderungen noch während der intakten Ehe herbeizuführen oder „gemeinsam“ zu planen, so dass sich deren Konsequenzen auch noch auf die Zeit nach Rechtskraft der Scheidung zu Gunsten des Mandanten auswirken. Je früher ein Anwalt mit der Interessenswahrnehmung beauftragt wird, umso eher kann dieser auch gestaltend zu Ihren Gunsten tätig werden.

3. Die Zeit nach der Scheidung

Nachdem nun das Scheidungsverfahren rechtskräftig abgeschlossen ist, hat die Mehrzahl der Streitigkeiten ein Ende gefunden, so dass das Leben jetzt etwas leichter verlaufen wird. Gleichwohl sind noch einige Sachen zu beachten, damit Sie keine Rechtsnachteile erleiden. Als Erstes sollten Sie ein Original des Scheidungsurteils nebst Rechtskraftvermerk zu Ihren Unterlagen nehmen und dies sorgfältig aufbewahren. Der Rechtskraftvermerk ist wichtig, weil erst zu diesem Zeitpunkt die Scheidung rechtskräftig geworden ist. Mit dem Rechtskraftvermerk bescheinigt das Gericht, dass ein Rechtsmittel gegen das Scheidungsurteil nicht eingelegt wurde.

Darüber hinaus sind jedoch noch andere Dinge zu berücksichtigen, die im Folgenden angesprochen werden sollen.

1. Krankenversicherung

Ist die Ehefrau über ihren Mann gesetzlich krankenversichert, endet der Versicherungsschutz mit Rechtskraft der Scheidung. Innerhalb von drei Monaten nach Rechtskraft der Scheidung können Sie die freiwillige Mitgliedschaft in der Krankenkasse Ihres Ehegatten beantragen, sofern Sie bislang kostenfrei als Familienmitglied in der Krankenkasse Ihres Ehemannes oder Ihrer Ehefrau mitversichert waren.[54] Zuständig für einen entsprechenden Antrag ist die Krankenkasse des geschiedenen Ehegatten. Unbedingt zu beachten ist die Frist von drei Monaten. Nur innerhalb dieser Frist kann ein entsprechender Antrag gestellt werden. Sind die drei Monate um, kommt ein Antrag definitiv zu spät. Es handelt sich hier um eine Ausschlussfrist, die unter keinen Umständen verlängert wird.

Problem: Die Frau will sich Unterhaltsansprüche titulieren lassen, stellt nunmehr aber fest, dass sie zusätzliche Kosten durch eine gesondert abzuschließende Kranken- und Rentenversicherung hat.
Trick: Neben dem normalen Unterhalt kann die Ehefrau auch Vorsorgeunterhalt fordern, speziell für Vorsorgeaufwendungen wie Kranken- oder Rentenversicherung.

Folge: Zuerst wird der Vorsorgeunterhalt errechnet; dann erst wird der weitere Unterhaltsanspruch berechnet mit der Folge, dass der normale Unterhaltsanspruch etwas niedriger ausfällt, letztlich aber Unterhalt und Vorsorgeunterhalt zusammen einen höheren Betrag ausmachen können als lediglich der Unterhalt. Dies gilt jedoch nur dann, sofern der Unterhaltsverpflichtete nicht ohnehin schon in seiner Leistungsfähigkeit eingeschränkt war. Zu beachten ist hier aber, dass der Vorsorgeunterhalt auch entsprechend dem vorgesehenen Zweck verwendet werden muss; bei zweckwidriger Verwendung ist die Frau gegebenenfalls zur Rückzahlung verpflichtet.
Gegenmaßnahme: Gegen den Vorsorgeunterhalt selbst kann man sich eigentlich nicht wehren. Gegebenenfalls kann jedoch mit dem Hinweis auf die unerquickliche Zweckgebundenheit des Vorsorgeunterhaltes zügig eine Einigung über einen Gesamtunterhalt getroffen werden, der betragsmäßig unter der Summe von Vorsorge- und normalem Unterhalt liegt.

Weiter ist zu beachten, dass im Falle von Unterhaltszahlungen des Ehemannes, die den sozialversicherungsfreien Betrag übersteigen, im Falle der Inanspruchnahme des begrenzten Realsplittings eine eigene Versicherungspflicht des Unterhaltsberechtigten entsteht. Die hierdurch entstehenden Nachteile für den Unterhaltsberechtigten sollten gegenüber dem Unterhaltsschuldner geltend gemacht werden, damit diese Aufwendungen zusätzlich ausgeglichen werden. Wir verweisen hierzu auf die Ausführungen im Kapitel Trennung zu den steuerlichen Aspekten (s. S. 26).

2. Änderung des Sorge- oder Umgangsrechtes

Mit der Scheidung ist möglicherweise über das Sorgerecht entschieden worden. Eine derartige Entscheidung ist jedoch nicht für alle Zeiten verpflichtend; jeder der Ehegatten kann auch nach Rechtskraft der Scheidung eine Abänderung der Sorgerechtsentscheidung beantragen.[55] Es sollte jedoch darauf hingewiesen werden, dass für eine Änderung der Sorgerechtsentscheidung sehr triftige Gründe vorliegen müssen, da das Gericht nicht ohne weiteres von einer einmal getroffenen Sorgerechtsentscheidung abweicht, da für das Kind eine gewisse Kontinuität wünschenswert ist.[56]

Sollte sich jedoch nach der Scheidung herausstellen, dass ein Ehegatte allein mit der Ausübung der elterlichen Sorge hoffnungslos überfordert ist und das Kind etwa verwahrlost, ist die Abänderung einer Sorgerechtsentscheidung relativ problemlos möglich.

Frage: *„Im Scheidungsverfahren ist eine Besuchsregelung nicht getroffen worden. Bislang klappte dies auch ohne Probleme, nun verweigert mir meine Ex-Frau den Umgang mit dem gemeinsamen Kind. Was kann ich hiergegen tun?"*

Über das Umgangsrecht musste das Gericht zur Zeit der Scheidung nicht entscheiden. Gerade wenn sich die Ausübung des Umgangsrechtes bislang problemlos gestaltete, wäre ein gerichtliches Verfahren geradezu schädlich gewesen. Da dem nicht sorgeberechtigten Elternteil grundsätzlich ein Umgangsrecht zusteht (wir verweisen auf die entsprechenden Ausführungen in den Kapiteln Trennung und Scheidung, s. S. 16, 40), kann auch hier eine Regelung selbstverständlich noch nach der Scheidung getroffen werden. Hierzu ist ein entsprechender Antrag bei Gericht zu stellen.

Problem: Sorge- und Umgangsrecht sind zwischen den Eheleuten heftig umstritten.
Trick: Die Ehefrau bietet dem Ehemann an, für den Fall, dass sie, wenn er jetzt einer Übertragung des alleinigen Sorgerechtes auf sie alleine zustimme, ihm ein sehr großzügiges, inhaltlich nicht begrenztes Umgangsrecht einräumen werde. Sollte sich dies als problemlos erweisen, könne später eine Abänderung des Sorgerechtes auf das gemeinsame Sorgerecht erfolgen. Der Ehemann stimmt daher einer Übertragung des alleinigen Sorgerechtes auf die Kindsmutter zu.
Folge: Die Kindsmutter ist alleinige Sorgerechtsinhaberin und bestimmt letztlich auch den Umfang des Umgangsrechtes. Hält sie sich im Rahmen des Umgangsrechtes nicht an die getroffene Abmachung, kann der Ehemann zwar versuchen, eine entsprechende Titulierung zu erreichen, wir haben jedoch bereits im Abschnitt zur Trennung dargelegt, dass sich das Umgangsrecht faktisch nicht vernünftig vollstrecken lässt. Versucht der Ehemann sodann das gemeinsame Sorgerecht wiederzuerlangen, stößt er unter Umständen auf ungeahnte Schwierigkeiten: Die Frau kann vor Ge-

richt dauernde Streitigkeiten zwischen den Ehepartnern als Grund dafür angeben, dass die Ausübung des gemeinsamen Sorgerechts weiterhin unmöglich ist. Dass angesichts dieser anhaltenden Situation eine Änderung des Sorgerechtes dem Wohl der Kinder zuträglich sein soll, wird das Gericht kaum erkennen können. Der Ehemann hat nunmehr beides verloren, Sorgerecht und großzügiges Umgangsrecht.

Gegenmaßnahme: Es muss schon von Vornherein die Übertragung der alleinigen elterlichen Sorge auf die Kindsmutter vermieden werden. Wie dies geschieht, haben wir erörtert. Gegebenenfalls kann sich der Kindsvater darauf einlassen, das Aufenthaltsbestimmungsrecht allein bei der Mutter zu belassen, auf keinen Fall jedoch das Sorgerecht. So bleibt er jedenfalls in alle wesentlichen Entscheidungen mit eingebunden. Ist die Übertragung der alleinigen elterlichen Sorge bereits erfolgt, kommt eine Änderung dieser Situation nur dann in Betracht, wenn es Reibungspunkte zwischen den Eltern praktisch nicht gibt. Stellt der Kindsvater also einen Antrag auf Wiederherstellung der gemeinsamen elterlichen Sorge, so sollte er, ungeachtet etwaiger Provokationen durch die Kindsmutter, zu allen Vorwürfen freundlich lächeln und nicken und vortragen, wie sehr ihm an der Mitgestaltung der Kindeserziehung gelegen sei, und darüber hinaus betonen, dass in praktisch allen Fragen Übereinstimmung mit der Kindsmutter herrsche. Als Begründung für seinen Antrag kann er vorbringen, dass er selbst auch das Gefühl haben möchte, seinen Kindern gegenüber unmittelbar in der Pflicht zu stehen.

3. Änderung des Unterhaltes

Hier sind zwei grundsätzlich unterschiedliche Fallkonstellationen zu unterscheiden. Zum einen kann es sein, dass Unterhaltszahlungen bislang freiwillig erfolgten, zum anderen kann es sein, dass ein Unterhaltstitel bereits besteht. Erfolgten Unterhaltszahlungen bislang stets freiwillig und hören diese plötzlich nach der Scheidung auf, muss der Unterhaltsberechtigte seinen Anspruch gerichtlich geltend machen. Hierzu ist jedoch erforderlich, dass der Unterhaltsschuldner vorab ordnungsgemäß in Verzug gesetzt wurde. Zahlt der Unterhaltsschuldner den geschuldeten Unterhalt und stellt er nunmehr fest, dass sich die tatsächliche Höhe der

Unterhaltsschuld geändert hat, so kann er selber den Unterhalt anpassen. Eine Abänderung der Unterhaltshöhe kommt insbesondere in den Fällen in Betracht, in denen der Unterhaltsschuldner unverschuldet seine Arbeit verliert oder Teile seines Gehaltes möglicherweise gekürzt werden (z.B. freiwillige Weihnachtsgeldzahlungen).

Problem: Der Ehemann verdient gut. Der Unterhaltsprozess nähert sich seinem Ende. Plötzlich verliert der Mann angeblich unverschuldet die Arbeit, hat der Ehefrau jedoch schon vorher zu verstehen gegeben, dass er, für den Fall, dass sie Unterhalt fordere, „auf Arbeit keinen Bock mehr" habe.

Trick: Die Ehefrau bestreitet den unverschuldeten Verlust des Arbeitsplatzes. Sie lässt prüfen, inwieweit sich der Ehemann gegen die Kündigung, gegebenenfalls auch gerichtlich, gewehrt hat. Ferner wird geprüft, in welchem Umfang sich der Ehemann um neue Arbeit bemüht.

Folge: Hat sich der Ehemann nicht ernsthaft gegen die Kündigung gewehrt oder sich in der Folgezeit nicht in ausreichender Weise um neue Arbeit bemüht (ca. 30–40 Bewerbungen pro Monat), so wird in der Folgezeit so vorgegangen, als ob er die alte Arbeitsstelle noch hätte. Seine Unterhaltsverpflichtung bemisst sich dann nach seinem alten Einkommen. Versucht die Ehefrau späterhin vergeblich zu vollstrecken, so hat sich der Ehemann möglicherweise gemäß § 170b StGB strafbar gemacht. Allein das drohende Strafverfahren wird dann den Unterhaltsschuldner dazu bewegen, kurzfristig die Unterhaltszahlungen wieder sicherzustellen.

Gegenmaßnahme: Auch ein Arbeitsplatzverlust will sorgsam vorbereitet sein. Der Ehemann sollte spätestens jetzt eine Rechtsschutzversicherung abschließen, die auch den Arbeitsrechtsschutz umfasst, und nach Ablauf der Wartezeit der (betriebsbedingten) Kündigung seines Arbeitgebers entgegensehen. Er muss dann diese betriebsbedingte Kündigung im Rahmen einer Kündigungsschutzklage gerichtlich angreifen und sich in der Güteverhandlung sofort mit dem Arbeitgeber einigen. Kosten entstehen ihm durch die Rechtsschutzversicherung nicht. Er hat damit jedoch ausreichend dokumentiert, dass er sich gegen den drohenden Arbeitsplatzverlust gewehrt hat. Indem er jeden Monat mindestens vierzig Bewerbungen (die er als Standardanschreiben im PC gespeichert hat) an die potenziellen Arbeitgeber seiner Branche verschickt, dokumentiert er seine Bemühungen um einen erneuten Arbeitsplatz ausreichend. Somit ist nunmehr von seinem tatsächlichen Einkommen auszugehen, sein altes Einkommen kann ihm nicht mehr fiktiv zugerechnet werden.

Der zweite Fall trifft dann zu, wenn bereits ein Unterhaltsurteil existiert. Hier genügt es nicht, Zahlungen einfach einzustellen. Ändern sich die tatsächlichen Verhältnisse beim Unterhaltsschuldner, so **muss** dieser eine Abänderungsklage bei Gericht einreichen mit der Folge, dass erst ab Zustellung dieser Abänderungsklage an den Gegner eine Verringerung der Unterhaltsschuld in Betracht kommt.[57]

Ändern sich lediglich die Verhältnisse, wird also der Unterhaltsschuldner arbeitslos oder erhält weniger Gehalt oder Ähnliches, berechtigt dies nicht allein zur Einstellung oder Minderung der Unterhaltszahlung. Nimmt der Unterhaltsschuldner diese Kürzungen eigenmächtig vor im Vertrauen darauf, dass ja ohnehin nichts zu holen ist und dass ja nun klar sei, dass er nicht mehr leisten könne, laufen Unterhaltsschulden auf, die noch nach Jahren vollstreckt werden können.

Die Erhebung einer Abänderungsklage ist unerlässlich. Da die Abänderungswirkung erst mit der Zustellung der Klage eintritt, ist es ebenfalls unerlässlich, unverzüglich nach Änderung der tatsächlichen Verhältnisse eine derartige Abänderungsklage zu erheben.

Dies geschieht sinnvollerweise durch einen qualifizierten Rechtsanwalt.

Problem: Der Ehemann hat tatsächlich unverschuldet nunmehr ein geringeres Einkommen und kann den titulierten Unterhalt nicht mehr zahlen. Er stellt diese Situation seiner Frau schriftlich dar und kürzt den Unterhalt in angemessener Weise.
Trick: Die Ehefrau reagiert auf dieses Schreiben überhaupt nicht, wartet mehrere Monate (längstens knapp ein Jahr) und vollstreckt sodann die gesamte rückständige Differenz.
Folge: Da eine Abänderung des Unterhaltstitels nicht erfolgt ist und eine rückwirkende Abänderung nur bei Vergleichen, nicht je-

doch bei Unterhaltsurteilen in Betracht kommt, ist der Ehemann zur Zahlung der gesamten rückständigen Differenzen verpflichtet. **Gegenmaßnahme:** Der Ehemann fordert seine Frau auf, auf die Rechte aus dem Titel in bestimmter Höhe ausdrücklich zu verzichten, da er andernfalls sofort Abänderungsklage erheben werde. Reagiert die Ehefrau auf ein solches Schreiben nicht, ist sofort eine Abänderungsklage bei Gericht einzureichen. Ferner ist zu beantragen, dass die Zwangsvollstreckung aus dem ursprünglichen Unterhaltstitel vorläufig in Höhe der Unterhaltsdifferenz einzustellen ist. So kann der Ehemann Überzahlungen verhindern.

4. Nachträgliche Regelung der Rechte an der Ehewohnung und dem Hausrat

Die Rechte an der Ehewohnung und am Hausrat können auch noch nach Rechtskraft der Scheidung geregelt werden. Besonders zweckdienlich ist dies allerdings nicht. Sinnvollerweise werden die entsprechenden Regelungen bereits vor der Scheidung getroffen oder zusammen im Rahmen der Ehescheidung verhandelt.

Rechtlich ist es jedoch möglich, diese Auseinandersetzung auch noch nach Rechtskraft der Scheidung zu führen. Bezüglich der Zuweisung der Ehewohnung an einen der geschiedenen Ehegatten ist jedoch zu beachten, dass dies gegen den Willen des Vermieters nur binnen eines Jahres nach Scheidung möglich ist.[58] Besteht insoweit also Regelungsbedarf, sollte eine entsprechende Regelung kurzfristig nach der Scheidung erfolgen.

5. Steuerliche Aspekte

Mit Rechtskraft der Scheidung ändert sich die steuerliche Behandlung beider Ehegatten. Die Möglichkeit der Zusammenveranlagung entfällt, nicht aber die Nutzung des begrenzten Realsplittings. Beide Ehegatten unterliegen nunmehr wieder der Einzelveranlagung. Unter gewissen Umständen sind jedoch Unterhaltszahlungen in beschränktem Umfang noch steuerlich zu berücksichtigen. In der Regel wird es sinnvoll sein, spätestens jetzt einen Steuerberater aufzusuchen, der die zu erwartenden Änderungen berechnet. Gegebenenfalls empfiehlt sich auch zu überprüfen, ob nicht bestimmte Freibeträge in die Steuerkarte eingetragen werden sollten. Darüber hinaus könnte möglicherweise die geänderte Steuerlast dazu führen, dass sich die Unterhaltsansprüche des geschiedenen Ehegatten und der Kinder vermindern. Es ist daher sinnvoll, sich über die steuerlichen Änderungen durch die Scheidung frühzeitig zu informieren, um gegebenenfalls frühzeitig entsprechende weitere Schritte einleiten zu können.

6. Erbrechtliche Aspekte

Während der intakten Ehe und auch noch während der Trennungszeit ist der Ehegatte neben den Kindern gesetzlicher Erbe. Das gesetzliche Erbrecht des Ehegatten entfällt jedoch schon während der Ehezeit, wenn einer der Ehegatten einen (begründeten) Scheidungsantrag rechtshängig gemacht hat. Spätestens mit der Scheidung selbst ist das gesetzliche Ehegattenerbrecht entfallen. Es ändert sich im Grundsatz nichts, wenn das Erbrecht durch Testament bestimmt wurde. Hat ein Ehegatte den anderen als Erben eingesetzt und wird allein ein begründeter Scheidungsantrag rechtshängig, so wird die letztwillige Verfügung insoweit unwirksam.[59] Spätestens zur Zeit der Scheidung sollte also geprüft werden, ob Testamente, Einzeltestamente oder gemeinschaftliche Testamente, Erbverträge o. Ä. existieren, die aufgehoben oder geändert werden sollten.

In diesem Zusammenhang sei jedoch davor gewarnt, eigenmächtig vorzugehen. Insbesondere wenn gemeinschaftliche oder notarielle Testamente aufgesetzt wurden, empfiehlt es sich, einen Rechtsanwalt mit der Wahrnehmung der eigenen Interessen zu beauftragen.

4. Scheidung nach ausländischem Recht

Die gesamten vorstehenden Ausführungen bezogen sich auf Scheidungen, die ausschließlich nach deutschem Recht abzuwickeln sind. Nun werden aber nicht alle Scheidungen in Deutschland auch nach deutschem Recht vollzogen. Es ist durchaus üblich, dass von deutschen Gerichten Scheidungen nach ausländischem Recht ausgesprochen werden. Im Folgenden soll nun kurz angesprochen werden, nach welchem Recht sich die Scheidung richtet, insbesondere wenn mindestens einer der Ehegatten eine ausländische Staatsangehörigkeit besitzt.

1. Welches Recht findet Anwendung?

Ausländisches Recht findet immer dann Anwendung, wenn beide Ehegatten eine gemeinsame ausländische Staatsangehörigkeit besitzen.[60] Sind etwa beide Ehegatten Italiener oder waren beide Ehegatten während der Ehe Italiener und trifft dies auf einen der Ehegatten immer noch zu, so findet italienisches Recht Anwendung. Diese Regelung ist zwingend. Immer also wenn zwei Ehegatten die gleiche Staatsangehörigkeit haben, findet das Recht dieses Staates Anwendung. Die Ehe kann gleichwohl in Deutschland geschieden werden, sofern die Scheidung im jeweiligen Heimatland anerkannt wird. Dies ist jedoch in aller Regel der Fall.

Frage: *„Stimmt dies denn immer? Ich habe auch schon von Scheidungen gehört, in denen beide Ehegatten eine gemeinsame ausländische Staatsangehörigkeit hatten, die Ehe aber gleichwohl nach deutschem Recht geschieden wurde!“*

Das ist richtig. Es gibt von dem oben genannten Grundsatz eine Ausnahme. In manchen Rechtsordnungen wird nämlich auf das Scheidungsrecht des Ortes verwiesen, an dem die Eheleute ihren gewöhnlichen Aufenthalt haben. Zum Beispiel kennt das englische Recht die Anwendung nach dem Domizilprinzip. Wenn also beide Ehegatten Engländer sind, ihren gewöhnlichen Aufenthalt, ihr Domizil, jedoch in Deutschland haben, findet bei der Scheidung deutsches Recht Anwendung.

Handelt es sich um eine gemischt-nationale Ehe, ist also z.B.

einer der Ehegatten Italiener, der andere Deutscher, so kommt es darauf an, in welchem Staat die Eheleute ihren gewöhnlichen Aufenthalt haben oder während der Ehe zuletzt hatten (im letzteren Fall muss aber einer von ihnen nach wie vor dort seinen gewöhnlichen Aufenthalt haben). Ist dies Deutschland, so wird bei der Ehescheidung deutsches Recht angewandt.

Ausnahmen bestehen lediglich bei der Durchführung des Versorgungsausgleiches. Hier empfiehlt es sich, im Zweifelsfall Ihren Anwalt zu Rate zu ziehen.

Findet bei der Ehescheidung kein deutsches Recht Anwendung, sind z. B. beide Eheleute türkische Staatsangehörige, so kann die Scheidung gleichwohl in Deutschland vollzogen werden. In derartigen Fällen empfiehlt es sich jedoch, einen auf das Familienrecht spezialisierten Anwalt aufzusuchen, der auch im internationalen Eherecht erfahren ist.

Problem: Beide Ehegatten haben eine gemeinsame ausländische Staatsangehörigkeit. Der Ehemann möchte sich nunmehr einbürgern lassen. Gleichzeitig beabsichtigt er, sich von seiner Ehefrau scheiden zu lassen.
Trick: Der Ehemann macht das Scheidungsverfahren noch vor seiner Einbürgerung anhängig.
Folge: Das Scheidungsstatut bestimmt sich nach der (jetzt noch) gemeinsamen Staatsangehörigkeit der Ehegatten, so dass das Scheidungsverfahren komplett am ausländischen Recht ausgerichtet ist mit der Folge, dass die in ausländischem Recht häufig vorgesehene Privilegierung des Ehemannes in vollem Umfange zum Tragen kommt.
Gegenmaßnahme: Am Beispiel des türkischen Rechtes kann gut dargelegt werden, wie eine mögliche Gegenmaßnahme aussehen kann: Sobald der Ehemann die Scheidung nach türkischem Recht beantragt hat, wird die Ehefrau von dem ihr nach dem türkischen Recht zustehenden Widerspruchsrecht Gebrauch machen mit der Folge, dass der Antrag auf Ehescheidung als unbegründet abgewiesen wird. Lässt sich der Ehemann nun einbürgern, findet das dann nach dreijähriger Trennung zulässige neue Ehescheidungsverfahren nach deutschem Recht statt, da beide Ehegatten mittlerweile unterschiedliche Staatsangehörigkeiten besitzen und der ständige Aufenthalt in der Bundesrepublik Deutschland liegt.

2. Als Beispiel: Scheidung nach türkischem Recht

Die Scheidung nach türkischem Recht ist in der Bundesrepublik ohne weiteres möglich. Die Scheidung wird auch in der Türkei anerkannt. Es darf jedoch nicht in beiden Ländern ein Scheidungsverfahren anhängig sein. Vorrangig ist dann jeweils das Verfahren, welches früher beantragt wurde.

Ansonsten sind einige Besonderheiten des türkischen Scheidungsrechtes zu beachten. So kennt das türkische Recht z.B. keine feste Trennungszeit. Umgekehrt sind jedoch die Unterhaltsansprüche insbesondere der Ehefrau stark eingeschränkt, so dass die nicht verdienende, das gemeinsame Kind betreuende Ehefrau häufig Rechtsnachteile erleidet im Verhältnis zu einer Scheidung nach deutschem Recht. Diese Nachteile werden jedoch von den deutschen Gerichten durch gefestigte Rechtsprechung weitestgehend kompensiert.

Bezüglich des Kindesunterhaltes wird auf den Bedarf des Kindes abgestellt, wie er sich aus der Düsseldorfer Tabelle ergibt, so dass insoweit keine Besonderheiten zu beachten sind. Regelungen hinsichtlich der Kinder, insbesondere in Bezug auf das Aufenthaltsbestimmungsrecht oder einzelne Entscheidungen, ergeben sich auf Grund des Minderjährigenschutzabkommens nach dem Recht des Staates, in dem sich das Kind tatsächlich aufhält. Zur Vermeidung von Rechtsnachteilen sollte daher im Zweifelsfall darauf geachtet werden, dass der das Kind betreuende Elternteil nicht plötzlich gegen den Willen des anderen Elternteils mit dem Kind in einen anderen Staat flüchtet. Entsprechende Schutzmaßnahmen (z.B. Einzug der Pässe o.Ä.) lassen sich gegebenenfalls im Wege einstweiliger Anordnung erreichen.

Lebt der Unterhaltsberechtigte wieder im Heimat- oder in einem Drittland, so hat dies im übrigen auf die Unterhaltsansprüche dahingehend Auswirkung, dass sich sein Bedarf nach den dortigen Lebensverhältnissen bemisst. Lebt der Unterhaltsverpflichtete in einem anderen Land, so muss auf die dortigen Verdienstmöglichkeiten unter Berücksichtigung des dortigen notwendigen Selbstbehaltes abgestellt werden.

Generell kann nicht empfohlen werden, sich im Heimatstaat scheiden zu lassen. Sofern die Möglichkeit einer Scheidung in Deutschland besteht, sollte hiervon jedenfalls immer der sozial

Schwächere Gebrauch machen. Die hiesigen Vorteile wie Prozesskostenhilfe, Titulierung der Unterhaltsschuld tituliert in € usw. lassen sich im Heimatland oft nicht realisieren, so dass häufig nur der finanziell stärkere Ehegatte auf eine Scheidung im Heimatland drängt. Dies kann häufig nur durch schnelle Einreichung eines Scheidungsverfahrens vor einem deutschen Gericht verhindert werden.

Problem: Der türkische Ehemann möchte sich von seiner türkischen Ehefrau scheiden lassen. Er fürchtet jedoch zu Recht, dass die deutschen Gerichte das türkische Recht nicht vollständig anwenden und insbesondere bei der Frage des Sorgerechtes ergänzend deutsches Recht hinzuziehen. Des Weiteren fürchtet er, dass bei einer Scheidung in Deutschland auf Antrag der Ehefrau hin auch die in Deutschland erworbenen Rentenanwartschaften ausgeglichen werden.
Trick: Der Ehemann „besteht" gegenüber seiner Ehefrau auf einer Scheidung in der Türkei.
Folge: Die Scheidung ist sowohl in Deutschland als auch in der Türkei möglich, egal, wie lange die Eheleute in Deutschland gelebt haben. Findet die Scheidung jedoch in der Türkei statt, wird sie nach reinem türkischen Recht durchgeführt, Ausnahmen im Rahmen des Sorgerechtes, des Umgangsrechtes oder aber im Hinblick auf die Rentenanwartschaften gibt es nicht. Späterhin können derartige Entscheidungen von der Ehefrau in Deutschland nicht mehr ohne weiteres abgeändert werden, denn die Rechtskraft des ausländischen Urteils kann einer Abänderung im Wege stehen.
Gegenmaßnahme: Die Ehefrau weigert sich hartnäckig, sich in der Türkei scheiden zu lassen. Droht der Ehemann, kurz allein in die Türkei zu fahren, um dort eine Scheidung zu beantragen, wird die Ehefrau selbst sofort die Scheidung vor einem deutschen Gericht anhängig machen, so dass eine Zuständigkeit der türkischen Gerichte nicht mehr gegeben ist. Nur so kann die Ehefrau die in Deutschland möglichen leichten Modifikationen des türkischen Rechtes zu ihren Gunsten in Anspruch nehmen.
Bezüglich der weiteren Einzelheiten im konkreten Einzelfall müssen Sie sich von einem spezialisierten Anwalt beraten lassen.

5. Der Weg zum Anwalt

Immer wieder haben wir Ihnen den Rat erteilt, einen Anwalt aufzusuchen. Dies mag natürlich daher rühren, dass der Autor dieses Ratgebers Fachanwalt für Familienrecht ist. Doch auch unabhängig davon ist es der beste Rat, den man den Betroffenen geben kann, da so viel Leid und Ärger erspart werden können.

Wenn Sie nun einen Anwalt aufsuchen, ist dieser auf eine vollständige Informierung durch Sie angewiesen. Er benötigt insbesondere diverse Unterlagen:

1. Für das Ehescheidungsverfahren werden benötigt:
- die Originalheiratsurkunde oder eine beglaubigte Abschrift hiervon
- die Abstammungsurkunden der Kinder

2. Für den Versorgungsausgleich werden benötigt:
- sämtliche Rentenversicherungsunterlagen
- evtl. Nachweise über Zeiten der Arbeitslosigkeit
- soweit in Betracht kommend, Nachweise über Zeiten des Wehr- oder Wehrersatzdienstes
- Nachweise über Zeiten des Schulbesuchs nach vollendetem Schulbesuch
- eine eigene Originalgeburtsurkunde
- Originalgeburtsurkunden aller Kinder
- evtl. Rentenbescheide
- soweit in Betracht kommend, Nachweise des Mutterschutzes
- evtl. Rentenversicherungsverläufe
- ein vollständiger Lebenslauf

3. Für evtl. Unterhaltsberechnungen werden benötigt:
- Einkommensnachweis beider Ehegatten für die letzten zwölf Monate (monatliche Einzelabrechnungen)
- Nachweise für Zahlungen für Gewerkschaften und Berufsverbände
- Nachweise über gezahlte Kredite
- Nachweise über sonstige Unterhaltsverpflichtungen und Zahlungsbelege

- Sozialhilfebescheide
- Einkommenssteuererklärung und -bescheide für die letzten drei Steuerjahre
- Umsatzsteuererklärung und -bescheide für die letzen drei Steuerjahre (bei Selbstständigen)
- Rentenbescheide
- Bilanz nebst Gewinn- und Verlustrechnung für die letzten drei Steuerjahre (bei Selbstständigen)

4. Für einen Beratungs- oder Prozesskostenhilfeantrag benötigen Sie:

- die neueste Verdienst- oder Besoldungsbescheinigung, gegebenenfalls Nachweis über erhaltenen Unterhalt
- Nachweis über erhaltenes Arbeitslosengeld oder -hilfe, gegebenenfalls Sozialhilfebescheid oder Rentenbescheid
- Verträge über Kredite, auf die Zahlungen geleistet werden, mit Zahlungsnachweis
- Nachweis über Mietbelastungen (Mietvertrag bzw. -bescheinigung mit Zahlungsnachweis)
- Nachweis über evtl. gezahlten Gewerkschaftsbeitrag
- Nachweis über gezahlte Versicherungsprämien
- Nachweis über geleistete Unterhaltszahlungen
- Nachweis über Sparguthaben
- Lebensversicherungspolicen mit Nachweis der Prämienzahlungen
- Nachweise über evtl. Immobilien incl. etwaiger darauf geleisteter Grundlasten mit Zahlungsnachweisen.

In aller Regel werden Sie zur Erstberatung nicht alle Unterlagen zusammensuchen können. Je mehr Unterlagen Sie jedoch Ihrem Anwalt zur Verfügung stellen, um so eher kann dieser Ihnen einen qualifizierten Rat erteilen.

Die Kosten für die Erstberatung können nicht mehr als 180,00 € plus MwSt. betragen, unabhängig vom Streitwert oder vom Umfang der Beratung. Sofern Sie über ein Einkommen verfügen, welches den Sozialhilfesatz nicht übersteigt, haben Sie Anspruch auf Beratungshilfe. Bereits vor dem Besuch beim Anwalt können Sie mit den entsprechenden Einkommensunterlagen (insbesondere Sozialhilfebescheid) zur Rechtsberatungsstelle des jeweiligen Amtsgerichtes gehen und sich dort einen Berechtigungsschein ausstellen lassen, mit dem Sie einen Anwalt Ihrer Wahl aufsuchen können. Sie sind nicht dazu verpflichtet, die beim Amtsgericht selbst sitzende Rechtsberatung in Anspruch zu nehmen. Sie haben einen Anspruch auf den Berechtigungsschein, mit dem Sie dann den von Ihnen gewählten Spezialisten aufsuchen können.

Schlusswort

Ich hoffe, dass Ihnen dieser Ratgeber die Probleme der Trennung, der Scheidung und der Folgen ein wenig erhellt hat. Es ist klar, dass diese Darstellung nicht ansatzweise einen Anspruch auf Vollständigkeit erheben kann. Viele Problembereiche mussten verkürzt dargestellt werden. Sie kennen jetzt aber die meisten schmutzigen Tricks im Rahmen einer Scheidung und wissen auch, wie man sich hiergegen zur Wehr setzen kann. Ich hoffe, dass nun Ihre Scheidung nicht zum „Rosenkrieg" wird, sondern die Vernunft siegt.

Dirk M. Sprünken,
Rechtsanwalt und Fachanwalt für Familienrecht

Anhang

Anmerkungen

1 § 1565 Abs. 2 BGB. Ein Hinweis zu den Anmerkungen: Die Anmerkungen sind zum Verständnis des Textes nicht erforderlich. Sie enthalten in der Regel als weiterführende Hinweise lediglich gesetzliche Fundstellen oder zitieren Literatur und Rechtsprechung.

2 OLG Bremen FamRZ 1977, 807f.; OLG Düsseldorf FamRZ 1977, 804f.; BGH FamRZ 1981, 127.

3 BGH FamRZ 1963, 173 OLG Bamberg FamRZ 1981, auch OLG Hamm FamRZ 1990, 166; wichtig ist dies insbesondere, wenn die Ehegatten durch äußere Umstände getrennt wurden, z.B. durch Inhaftierung eines Ehegatten. Die Trennung beginnt erst, wenn einer der Ehegatten dem anderen gegenüber deutlich gemacht hat, dass über die von außen kommende Trennung hinaus er auch subjektiv vom anderen getrennt leben möchte.

4 BGH FamRZ 1978, 671.

5 Insbesondere, wenn die Ehegatten noch zusammen in einer Wohnung leben, sollte eine absolut strikte Trennung der Lebensbereiche beachtet werden. Ehemann und Ehefrau müssen praktisch wie in einer Wohngemeinschaft leben, in der jeder sich ausschließlich um seinen eigenen Lebensbereich kümmert.

6 Dies gilt jedenfalls dann, wenn die Wohnung groß genug ist, dass jeder der Ehegatten einen eigenen Raum für sich beanspruchen kann, den der andere Gatte nicht betreten muss. Je beengter die Wohnverhältnisse sind, desto eher ist eine Wohnungsaufteilung unzumutbar.

7 § 1361 b BGB.

8 Beim Auto kann Folgendes als Richtschnur gelten: Wird das Fahrzeug absolut überwiegend von der gesamten Familie genutzt, also zum Einkaufen, für gemeinsame Ausflüge usw., dann ist es in der Regel Hausrat. Benötigt einer der beiden Ehegatten das Fahrzeug, z.B. um damit täglich zur Arbeit zu gelangen, ist es eher als allgemeiner Vermögensgegenstand zu betrachten und ggf. im Rahmen des Zugewinnausgleichs zu berücksichtigen.

9 § 1629 Abs. 2 Satz 2 BGB.

10 Das Gericht kann eine vom Gericht festgelegte Umgangsregelung zwar gem. § 33 FGG durch die Verhängung von Zwangsgeld vollstrecken, aber wenn der Ehegatte vermögenslos ist, läuft die Vollstreckung des Zwangsgeldes ins Leere und wird ihre Wirkung verfehlen. Gem. § 33 FGG wäre auch die Anordnung unmittelbaren Zwanges möglich, derartige Entscheidungen sind mir jedoch nicht bekannt.

11 So ausdrücklich § 33 Abs. 2 Satz 2 FGG.

12 So z.B. BGH NJW-RR 1986, 1264f.; OLG München FamRZ 1991, 1343.

13 Als mildere Maßnahme kommt noch die Bestellung eines „Umgangspflegers“ in Betracht, so dass dem sabotierenden Elternteil für die Zeit des Umgangs das Aufenthaltsbestimmungsrecht entzogen wird, BGH NJW-RR 1986, 1264.

14 Die Voraussetzungen sind im Rahmen der Kindschaftsreform zum 1. 7. 1998 etwas entschärft worden. Es reicht nunmehr aus, wenn der Unterhaltsschuldner zum Zwecke der Geltendmachung von Unterhaltsansprüchen aufgefordert wurde, Auskunft über sein Einkommen zu erteilen. Der Unterhalt ist dann seit dem 1. dieses Monats geschuldet, § 1613 Abs. 1 BGB. Der Unterhaltsgläubiger wird aber den Zugang des Auskunftsersuchens beweisen müssen.

15 Ausnahme: s. Fußnote 14.

16 Neben dem nachstehenden Beispiel finden Sie im Anhang die Düsseldorfer Tabelle und die Leitlinien des OLG Hamm. Ferner habe ich weitere Berechnungsbeispiele zum Unterhalt beigefügt, um jedenfalls einen groben Überblick über die Höhe derartiger Unterhaltsverpflichtungen zu ermöglichen.

17 BGH FamRZ 1977, 38.

18 § 10 Abs. 1 Nr. 1 EStG.

19 Allerdings muss die Zumutbarkeitsgrenze des § 33 EStG überschritten werden.

20 § 1408 Abs. 2 Satz 2 BGB.

21 § 1566 Abs. 1 BGB.

22 OLG München FamRZ 1978, 29 ff.

23 OLG Rostock FamRZ 1993, 808.

24 § 78 ZPO.

25 In derartigen Fällen kommen durchaus auch Regressansprüche gegen den Anwalt in Betracht.

26 Rechtsgrundlage ist § 1360 a Abs. 4 BGB.

27 Diese Möglichkeit eröffnet § 1380 Abs. 1 Satz 1 BGB.

28 Nach der Reform des Kindschaftsrechtes verfestigte sich mehr und mehr eine Rechtsprechung der Oberlandesgerichte dahingehend, dass das gemeinsame Sorgerecht als Regelfall und das alleinige Sorgerecht als Ausnahmefall betrachtet wurde. Nunmehr hat der Bundesgerichtshof in einer neuen Entscheidung (BGH FamRZ 1999, 1646 ff.) klargestellt, dass mitnichten ein Regel-Ausnahme-Verhältnis bestehe, sondern stets konkret das Kindeswohl geprüft werden muss. Fehlt es bei den Eltern an Konsens- und Kooperationsfähigkeit, so ist eher das alleinige Sorgerecht anzuordnen.

29 Ein Ausschluss des Umgangsrechtes kommt ohnehin nur in den allerseltensten Fällen in Betracht. Probleme der Eltern interessieren hier normalerweise nicht, auch Belange etwaiger neuer Lebenspartner der Eltern sind nachrangig; siehe z.B. OLG Hamm FamRZ 1999, 326; OLG Karlsruhe FamRZ 1999, 184 oder OLG Braunschweig FamRZ 1999, 185.

30 § 1587 ff. BGB.

31 § 1587 c BGB regelt den Ausschluss des Versorgungsausgleichs, hier angesprochen ist der Fall des § 1587 c Nr. 3 BGB.

32 § 5 HausratsVO.

33 § 20 HausratsVO.

34 § 8 ff. HausratsVO.

35 § 1384 BGB.

36 § 1374 Abs. 1 BGB.

37 § 1377 Abs. 3 BGB.

38 § 1378 BGB.

39 Z.B. durch Änderung des Güterstandes, hier ist aber die notarielle Form zu beachten.

40 Zu diesem Komplex kann ein Buch von Reinhardt Wever empfohlen werden: Vermögensauseinandersetzung der Ehegatten außerhalb des Güterrechts, 2002.

41 § 1570 BGB.

42 § 1571 BGB.

43 § 1572 BGB.

44 § 1573 BGB.

45 § 1575 BGB.

46 § 1576 BGB.

47 In neuerer Zeit häufen sich die Fälle, in denen die Oberlandesgerichte eine halbtätige Erwerbsobliegenheit der kindsbetreuenden Mutter bereits ab Vollendung des 8. Lebensjahres des Kindes oder Beendigung der dritten Grundschulklasse angenommen haben. Dies soll jedenfalls bei beengten finanziellen Verhältnissen gelten.

48 BGH FamRZ 1997, 671.

49 Die Unterhaltsberechnung im Familienrecht gehört zu den umfassendsten Gebieten, die in Literatur und Rechtsprechung behandelt werden. Wer sich selber intensiv mit der Höhe des Unterhaltes beschäftigen möchte, dem seien folgende Bücher empfohlen: Kalthoener-Büttner: Die Rechtsprechung zur Höhe des Unterhaltes, und Born/Heiß: Unterhaltsrecht. Hier erhält der Wissbegierige auf jeweils deutlich über 500 Seiten einen ersten Überblick über die Rechtsprechung.

50 Dies gilt aber nur für die Einstweilige Anordnung gem. § 620 Nr. 6 ZPO. Nicht für die Einstweilige Anordnung gem. § 644 ZPO mit einer Hauptsache Trennungsunterhalt.

51 § 1579 Nr. 3 BGB, für diesen Fall beispielhaft: OLG Bamberg, FamRZ 1998, 370.

52 Z.B. OLG Koblenz, FamRZ 1991, 1312; OLG Köln FamRZ 1995, 1580; OLG Düsseldorf FamRZ 1996, 1418.

53 FamRZ 2001, 986.

54 § 9 II SGB V.

55 Gem. § 1696 BGB.

56 Es muss positiv festgestellt werden, dass die Abänderung des Sorgerechtes dem Kindeswohl förderlich ist.

57 § 323 ZPO.

58 § 12 HausratsVO.

59 § 2077 BGB.

60 Art. 17 i. V. m. Art. 14 EGBGB.

Düsseldorfer Tabelle

(Stand: 1. 7. 2003)*

A. Kindesunterhalt

	Nettoeinkommen des Barunterhaltspflichtigen (Anm. 3, 4)	Altersstufen in Jahren (§ 1612 a Abs. 3 BGB)				Vomhundertsatz	Bedarfskontrollbetrag (Anm. 6)
		0–5	6–11	12–17	ab 18		
		Beträge in €					
1.	bis 1300	199	241	284	327	100	730/840
2.	1300–1500	213	258	304	350	107	900
3.	1500–1700	227	275	324	373	114	950
4.	1700–1900	241	292	344	396	121	1000
5.	1900–2100	255	309	364	419	128	1050
6.	2100–2300	269	326	384	442	135	1100
7.	2300–2500	283	343	404	465	142	1150
8.	2500–2800	299	362	426	491	150	1200
9.	2800–3200	319	386	455	524	160	1300
10.	3200–3600	339	410	483	556	170	1400
11.	3600–4000	359	434	512	589	180	1500
12.	4000–4400	379	458	540	622	190	1600
13.	4400–4800	398	482	568	654	200	1700
	über 4800	nach den Umständen des Falles					

Anmerkungen:

1. Die Tabelle hat keine Gesetzeskraft, sondern stellt eine Richtlinie dar. Sie weist monatliche Unterhaltsrichtsätze aus, bezogen auf einen gegenüber einem Ehegatten und zwei Kindern Unterhaltspflichtigen.
   Bei einer größeren/geringeren Anzahl Unterhaltsberechtigter sind **Ab- oder Zuschläge** durch Einstufung in niedrigere/höhere Gruppen angemessen. Anmerkung 6 ist zu beachten. Zur Deckung des notwendigen Mindestbedarfs aller Beteiligten – einschließlich des Ehegatten – ist gegebenenfalls eine Herabstufung bis in die unterste Tabellengruppe vorzunehmen. Reicht das verfügbare Einkommen auch dann nicht aus, erfolgt eine Mangelberechnung nach Abschnitt C.

---

* Die neue Tabelle nebst Anmerkungen beruht auf Koordinierungsgesprächen, die zwischen Richtern der Familiensenate der Oberlandesgerichte Düsseldorf, Köln und Hamm sowie der Unterhaltungskommission des Deutschen Familiengerichtstages e.V. unter Berücksichtigung des Ergebnisses einer Umfrage bei allen Oberlandesgerichten stattgefunden haben. Die neue Tabelle gilt ab **1. 7. 2003.**

2. Die Richtsätze der 1. Einkommensgruppe entsprechen dem **Regelbetrag in €** nach der Regelbetrag-VO für den Westteil der Bundesrepublik in der ab **1. 7. 2003** geltenden Fassung. Der Vomhundertsatz drückt die Steigerung des Richtsatzes der jeweiligen Einkommensgruppe gegenüber dem Regelbetrag (= 1. Einkommensgruppe) aus. Die durch Multiplikation des Regelbetrages mit dem Vomhundertsatz errechneten Richtsätze sind entsprechend § 1612 a Abs. 2 BGB aufgerundet.
3. **Berufsbedingte Aufwendungen,** die sich von den privaten Lebenshaltungskosten nach objektiven Merkmalen eindeutig abgrenzen lassen, sind vom Einkommen abzuziehen, wobei bei entsprechenden Anhaltspunkten eine Pauschale von 5% des Nettoeinkommens – mindestens **50 €,** bei geringfügiger Teilzeitarbeit auch weniger, und höchstens **150 €** monatlich – geschätzt werden kann. Übersteigen die berufsbedingten Aufwendungen die Pauschale, sind sie insgesamt nachzuweisen.
4. Berücksichtigungsfähige **Schulden** sind in der Regel vom Einkommen abzuziehen.
5. Der **notwendige Eigenbedarf (Selbstbehalt)**
   - gegenüber minderjährigen unverheirateten Kindern,
   - gegenüber volljährigen unverheirateten Kindern bis zur Vollendung des **21.** Lebensjahres, die im Haushalt der Eltern oder eines Elternteils leben und sich in der allgemeinen Schulausbildung befinden,

   beträgt beim nicht erwerbstätigen Unterhaltspflichtigen monatlich **730 €,** beim erwerbstätigen Unterhaltspflichtigen monatlich **840 €.** Hierin sind bis **360 €** für Unterkunft einschließlich umlagefähiger Nebenkosten und Heizung (Warmmiete) enthalten. Der Selbstbehalt kann angemessen erhöht werden, wenn dieser Betrag im Einzelfall erheblich überschritten wird und dies nicht vermeidbar ist.

   Der **angemessene Eigenbedarf,** insbesondere gegenüber anderen volljährigen Kindern, beträgt in der Regel mindestens monatlich **1000 €.** Darin ist eine Warmmiete bis **440 €** enthalten.
6. Der **Bedarfskontrollbetrag** des Unterhaltspflichtigen ab Gruppe 2 ist nicht identisch mit dem Eigenbedarf. Er soll eine ausgewogene Verteilung des Einkommens zwischen dem Unterhaltspflichtigen und den unterhaltsberechtigten Kindern gewährleisten. Wird er unter Berücksichtigung auch des Ehegattenunterhalts (vgl. auch B V und VI) unterschritten, ist der Tabellenbetrag der nächst niedrigeren Gruppe, deren Bedarfskontrollbetrag nicht unterschritten wird, anzusetzen.
7. Bei **volljährigen Kindern,** die noch im Haushalt der Eltern oder eines Elternteils wohnen, bemisst sich der Unterhalt nach der 4. Altersstufe der Tabelle.

   Der angemessene Gesamtunterhaltsbedarf eines **Studierenden,** der nicht bei seinen Eltern oder einem Elternteil wohnt, beträgt in der Regel monatlich **600 €.** Dieser Bedarfssatz kann auch für ein Kind mit eigenem Haushalt angesetzt werden.
8. Die **Ausbildungsvergütung** eines in der Berufsausbildung stehenden Kindes, das im Haushalt der Eltern oder eines Elternteils wohnt, ist vor ihrer Anrechnung in der Regel um einen ausbildungsbedingten Mehrbedarf von monatlich **85 €** zu kürzen.

9. In den Unterhaltsbeträgen (Anmerkungen 1. und 7.) sind **Beiträge zur Kranken- und Pflegeversicherung** nicht enthalten.
10. Das auf das jeweilige Kind entfallende **Kindergeld** ist nach § 1612b Abs. 1 BGB grundsätzlich zur Hälfte auf den Tabellenunterhalt anzurechnen. Die Anrechnung des Kindergeldes unterbleibt, soweit der Unterhaltspflichtige außerstande ist, Unterhalt in Höhe von 135% des Regelbetrages (vgl. Abschnitt A Anm. 2.) zu leisten, soweit das Kind also nicht wenigstens den Richtsatz der 6. Einkommensgruppe abzüglich des hälftigen Kindergeldes erhält (§ 1612b Abs. 5 BGB).
    Das bis zur Einkommensgruppe 6 anzurechnende Kindergeld kann nach folgender Formel berechnet werden:
    Anrechnungsbetrag = 1/2 des Kindergeldes + Richtsatz der jeweiligen Einkommensgruppe – Richtsatz der 6. Einkommensgruppe (135% des Regelbetrages).

Kindergeldanrechnung nach § 1612 b Abs. 5 BGB

Anrechnung des (hälftigen) Kindergeldes für das 1. bis 3. Kind von je 77 €

Einkommensgruppe	0–5 Jahre	6–11 Jahre	12–17 Jahre
1 = 100%	199 – 7 = 192	241 – 0 = 241	284 – 0 = 284
2 = 107%	213 – **21** = 192	258 – **9** = 249	304 – 0 = 304
3 = 114%	227 – **35** = 192	275 – **26** = 249	324 – **17** = 307
4 = 121%	241 – **49** = 192	292 – **43** = 249	344 – **37** = 307
5 = 128%	255 – **63** = 192	309 – **60** = 249	364 – **57** = 307
6 = 135%	269 – **77** = 192	326 – **77** = 249	384 – **77** = 307

Anrechnung des (hälftigen) Kindergeldes für das 4. Kind und jedes weitere Kind von je 89,50 €

Einkommensgruppe	0–5 Jahre	6–11 Jahre	12–17 Jahre
1 = 100%	199 – **19,50** = 179,50	241 – **4,50** = 236,50	284 – 0 = 284,00
2 = 107%	213 – **33,50** = 179,50	258 – **21,50** = 236,50	304 – **9,50** = 294,50
3 = 114%	227 – **47,50** = 179,50	275 – **38,50** = 236,50	324 – **29,50** = 294,50
4 = 121%	241 – **61,50** = 179,50	292 – **55,50** = 236,50	344 – **49,50** = 294,50
5 = 128%	255 – **75,50** = 179,50	309 – **72,50** = 236,50	364 – **69,50** = 294,50
6 = 135%	269 – **89,50** = 179,50	326 – **89,50** = 236,50	384 – **89,50** = 294,50

Das anzurechnende Kindergeld kann auch nach folgender Formel berechnet werden:
Anrechnungsbetrag = 1/2 des Kindergeldes + Richtsatz der jeweiligen Einkommensgruppe – Richtsatz der 6. Einkommensgruppe (135 % des Regelbetrages).
Bei einem Negativsaldo entfällt die Anrechnung.
Ab Einkommensgruppe 6 wird stets das Kindergeld zur Hälfte auf den sich aus der Tabelle ergebenden Unterhalt angerechnet (§ 1612b Abs. 1 BGB).

B. Ehegattenunterhalt

I. Monatliche Unterhaltsrichtsätze des berechtigten Ehegatten ohne unterhaltsberechtigte Kinder (§§ 1361, 1569, 1578, 1581 BGB)

1. gegen einen **erwerbstätigen Unterhaltspflichtigen**:
   a) wenn der Berechtigte kein Einkommen hat:
   3/7 des anrechenbaren Erwerbseinkommens zuzüglich 1/2 der anrechenbaren sonstigen Einkünfte des Pflichtigen, nach oben begrenzt durch den vollen Unterhalt, gemessen an den zu berücksichtigenden ehelichen Verhältnissen;
   b) wenn der Berechtigte ebenfalls Einkommen hat:
   3/7 der Differenz zwischen den anrechenbaren Erwerbseinkommen der Ehegatten, insgesamt begrenzt durch den vollen ehelichen Bedarf; für sonstige anrechenbare Einkünfte gilt der Halbteilungsgrundsatz;
   c) wenn der Berechtigte erwerbstätig ist, obwohl ihn keine Erwerbsobliegenheit trifft:

gemäß § 1577 Abs. 2 BGB;

2. gegen einen **nicht erwerbstätigen Unterhaltspflichtigen** (z. B. Rentner): wie zu 1 a, b oder c, jedoch 50%.

II. Fortgeltung früheren Rechts:

1. Monatliche Unterhaltsrichtsätze des nach dem Ehegesetz berechtigten Ehegatten **ohne unterhaltsberechtigte Kinder**:

a) §§ 58, 59 EheG:	in der Regel wie I.,
b) § 60 EheG:	in der Regel 1/2 des Unterhalts zu I.,
c) § 61 EheG:	nach Billigkeit bis zu den Sätzen I.

2. Bei Ehegatten, die vor dem 3. 10. 1990 in der früheren DDR geschieden worden sind, ist das DDR-FGB in Verbindung mit dem Einigungsvertrag zu berücksichtigen (Art. 234 § 5 EGBGB).

III. Monatliche Unterhaltsrichtsätze des berechtigten Ehegatten, wenn die ehelichen Lebensverhältnisse durch Unterhaltspflichten gegenüber Kindern geprägt werden:

Wie zu I bzw. II 1, jedoch wird grundsätzlich der Kindesunterhalt (Tabellenbetrag ohne Abzug von Kindergeld) vorab vom Nettoeinkommen abgezogen. Führt dies zu einem Missverhältnis zwischen Kindes- und Ehegattenunterhalt, ist der Ehegattenunterhalt nach den Grundsätzen der Entscheidung des Bundesgerichtshofs vom 22. 1. 2003 (FamRZ 2003, 363 ff.) zu ermitteln.

IV. Monatlicher notwendiger Eigenbedarf (Selbstbehalt) gegenüber dem getrennt lebenden und dem geschiedenen Berechtigten:

1. wenn der Unterhaltspflichtige **erwerbstätig** ist: **840 €**
2. wenn der Unterhaltspflichtige **nicht erwerbstätig** ist: **730 €**

Dem geschiedenen Unterhaltspflichtigen ist nach Maßgabe des § 1581 BGB u. U. ein höherer Betrag zu belassen.

V. *Monatlicher notwendiger Eigenbedarf (Existenzminimum) des unterhaltsberechtigten Ehegatten einschließlich des trennungsbedingten Mehrbedarfs in der Regel:*
1. falls erwerbstätig: 840 €
2. falls nicht erwerbstätig: 730 €

VI. *Monatlicher notwendiger Eigenbedarf (Existenzminimum) des Ehegatten, der in einem gemeinsamen Haushalt mit dem Unterhaltspflichtigen lebt:*
1. falls erwerbstätig: 615 €
2. falls nicht erwerbstätig: 535 €

Anmerkung zu I–III:
Hinsichtlich **berufsbedingter Aufwendungen** und **berücksichtigungsfähiger Schulden** gelten Anmerkungen A. 3 und 4 – auch für den erwerbstätigen Unterhaltsberechtigten – entsprechend. Diejenigen berufsbedingten Aufwendungen, die sich nicht nach objektiven Merkmalen eindeutig von den privaten Lebenshaltungskosten abgrenzen lassen, sind pauschal im Erwerbstätigenbonus von 1/7 enthalten.

C. Mangelfälle

Reicht das Einkommen zur Deckung des Bedarfs des Unterhaltspflichtigen und der gleichrangigen Unterhaltsberechtigten nicht aus (sog. Mangelfälle), ist die nach Abzug des notwendigen Eigenbedarfs (Selbstbehalts) des Unterhaltspflichtigen verbleibende Verteilungsmasse auf die Unterhaltsberechtigten im Verhältnis ihrer jeweiligen Einsatzbeträge gleichmäßig zu verteilen.
Der Einsatzbetrag für den **Kindesunterhalt** entspricht dem Existenzminimum. Dies ist zur Zeit der Tabellenbetrag der 6. Einkommensgruppe gemäß § 1612b Abs. 5 BGB.
Der Einsatzbetrag für den **Ehegattenunterhalt** wird ebenfalls mit dem Existenzminimum angesetzt. Dies entspricht bei getrenntlebenden oder geschiedenen Ehegatten dem notwendigen Eigenbedarf gemäß B V der Düsseldorfer Tabelle und bei dem mit dem Unterhaltspflichtigen zusammenlebenden Ehegatten dem Selbstbehalt gemäß B VI der Düsseldorfer Tabelle.
Das im Rahmen der Mangelfallberechnung gefundene Ergebnis ist zu korrigieren, wenn die errechneten Beträge über den ohne Mangelfall ermittelten Beträgen liegen (BGH Urteil vom 22. 1. 2003 FamRZ 2003, 363 ff.).
Beispiel:
Bereinigtes Nettoeinkommen des Unterhaltspflichtigen (M): 1300 €.
Unterhalt für zwei unterhaltsberechtigte Kinder im Alter von 7 Jahren (K1) und 5 Jahren (K2), die bei der ebenfalls unterhaltsberechtigten geschiedenen nicht erwerbstätigen Ehefrau und Mutter (F) leben. F bezieht das Kindergeld.

Notwendiger Eigenbedarf des M: 840 €
Verteilungsmasse: 1300 € – 840 € = 460 €
Notwendiger Gesamtbedarf der Unterhaltsberechtigten:
326 € (K 1) + 269 € (K 2) + 730 € (F) = 1325 €

Unterhalt:
K 1: 326 × 460 :1325 € = 113,18 €
K 2: 269 × 460 :1325 € = 93,39 €
F: 730 × 460 :1325 € = 253,43 €
Eine Korrektur diese Beträge ist nicht veranlasst.
Kindergeld wird nicht angerechnet (§ 1612 b Abs. 5 BGB).

D. Verwandtenunterhalt und Unterhalt nach § 1615 l BGB

1. Angemessener Selbstbehalt gegenüber den Eltern: mindestens monatlich **1250 €** (einschließlich 440 € Warmmiete) zuzüglich der Hälfte des darüber hinausgehenden Einkommens. Der angemessene Unterhalt des mit dem Unterhaltspflichtigen zusammenlebenden Ehegatten bemisst sich nach den ehelichen Lebensverhältnissen (Halbteilungsgrundsatz), beträgt jedoch mindestens **950 €** (einschließlich 330 € Warmmiete).
2. **Bedarf der Mutter und des Vaters eines nichtehelichen Kindes** (§ 1615 l Abs. 1, 2, 5 BGB): nach der Lebensstellung des betreuenden Elternteils, in der Regel mindestens **730 €**, bei Erwerbstätigkeit **840 €.**
Angemessener Selbstbehalt gegenüber der Mutter und dem Vater eines nichtehelichen Kindes (§§ 1615 l Abs. 3 Satz 1, 5, 1603 Abs. 1 BGB): mindestens monatlich **1000 €.**

Kindergeldanrechnung nach § 1612 b Abs. 5 BGB

Anrechnung des (hälftigen) Kindergeldes für das 1. bis 3. Kind von je 77 €

Einkommensgruppe	0–5 Jahre	6–11 Jahre	12–17 Jahre
1 = 100%	199 – **7** = 192	241 – **0** = 241	284 – **0** = 284
2 = 107%	213 – **21** = 192	258 – **9** = 249	304 – **0** = 304
3 = 114%	227 – **35** = 192	275 – **26** = 249	324 – **17** = 307
4 = 121%	241 – **49** = 192	292 – **43** = 249	344 – **37** = 307
5 = 128%	255 – **63** = 192	309 – **60** = 249	364 – **57** = 307
6 = 135%	269 – **77** = 192	326 – **77** = 249	384 – **77** = 307

Anrechnung des (hälftigen) Kindergeldes für das 4. Kind und jedes weitere Kind von je 89,50 €

Einkommensgruppe	0–5 Jahre	6–11 Jahre	12–17 Jahre
1 = 100%	199 – **19,50** = 179,50	241 – **4,50** = 236,50	284 – **0** = 284,00
2 = 107%	213 – **33,50** = 179,50	258 – **21,50** = 236,50	304 – **9,50** = 294,50
3 = 114%	227 – **47,50** = 179,50	275 – **38,50** = 236,50	324 – **29,50** = 294,50
4 = 121%	241 – **61,50** = 179,50	292 – **55,50** = 236,50	344 – **49,50** = 294,50
5 = 128%	255 – **75,50** = 179,50	309 – **72,50** = 236,50	364 – **69,50** = 294,50
6 = 135%	269 – **89,50** = 179,50	326 – **89,50** = 236,50	384 – **89,50** = 294,50

Das anzurechnende Kindergeld kann auch nach folgender Formel berechnet werden:
Anrechnungsbetrag = 1/2 des Kindergeldes + Richtsatz der jeweiligen Einkommensgruppe – Richtsatz der 6. Einkommensgruppe (135% des Regelbetrages). Bei einem Negativsaldo entfällt die Anrechnung.
Ab Einkommensgruppe 6 wird stets das Kindergeld zur Hälfte auf den sich aus der Tabelle ergebenden Unterhalt angerechnet (§ 1612b Abs. 1 BGB).

Unterhaltsleitlinien des Oberlandesgerichts Hamm

(Stand: 1. 7. 2003)

Vorbemerkung

Die Leitlinien sind von den Familiensenaten des Oberlandesgerichts Hamm erarbeitet worden, um eine möglichst einheitliche Rechtsprechung im gesamten OLG-Bezirk zu erzielen. Sie stellen keine verbindlichen Regeln dar – das verbietet sich schon mit Rücksicht auf die richterliche Unabhängigkeit – und sollen dazu beitragen, angemessene Lösungen zu finden, ohne den Spielraum einzuengen, der erforderlich ist, um den jeweiligen Besonderheiten des Einzelfalls gerecht zu werden. Die vorliegende Fassung wurde durchgehend überarbeitet und in Teilbereichen ergänzt. Um eine einfachere Handhabung zu gewährleisten und die Vergleichbarkeit der Ausführungen der verschiedenen Oberlandesgerichte zu den einzelnen Grundsätzen zu erleichtern, ist die unter allen Oberlandesgerichten besprochene bundeseinheitliche Struktur der Leitlinien zugrunde gelegt worden. Hierdurch ergeben sich weitgehende Umstellungen, während sich die inhaltlichen Änderungen auf die Anpassung an die neue höchstrichterliche Rechtsprechung beschränken. Soweit unter einzelnen Ziffern keine Ausführungen enthalten sind, soll zu dem entsprechenden Punkt zur Zeit keine Aussage gemacht werden.

Unterhaltsrechtliches Einkommen

1. Geldeinnahmen

1.1 Auszugehen ist von einem durchschnittlichen **Jahresbruttoeinkommen** einschließlich Urlaubs- und Weihnachtsgeld sowie sonstigen Zuwendungen, auch Sachbezügen und Gewinnbeteiligungen.

1.2 Höhere **einmalige Zuwendungen** (z.B. Jubiläumszulagen) können auf einen längeren Zeitraum verteilt werden. Abfindungen sind regelmäßig auf einen angemessenen Zeitraum zur Aufrechterhaltung des bisherigen Lebensstandards umzulegen.

1.3 **Überstundenvergütungen** sind Einkommen, wenn die Überstunden entweder in geringem Umfang anfallen oder berufstypisch sind. Vergütungen für Überstunden, die deutlich über dieses übliche Maß hinausgehen, sind nach Billigkeitsgesichtspunkten und unter Berücksichtigung der Umstände des Einzelfalles sowie des in § 1577 Abs. 2 BGB zum Ausdruck kommenden Rechtsgedankens anzurechnen. Beim Ehegattenunterhalt sind Überstundenvergütungen nach vorstehender Maßgabe bedarfsbestimmend zu berücksichtigen, wenn sie bereits die intakten Lebensverhältnisse mitgeprägt haben. Die gleichen Erwägungen gelten für Einkünfte aus einer **Nebentätigkeit**, die neben einer vollschichtigen Erwerbstätigkeit ausgeübt wird.

1.4 Über die Anrechenbarkeit von **Auslösungen und Spesen** ist nach Maßgabe des Einzelfalls zu entscheiden. Im Zweifel kann davon ausgegangen werden, dass eine Ersparnis eintritt, die mit einem Drittel der Nettobeträge zu bewerten und insoweit dem anrechenbaren Einkommen zuzurechnen ist.

1.5 Einkommen aus **selbständiger Tätigkeit** ist an Hand der Gewinn- und Verlustrechnungen bzw. der Einnahmen-Überschuss-Rechnungen zu ermitteln. Zum Ausgleich von Schwankungen oder zur Feststellung eines Trends (Anlaufphase zu Beginn der selbständigen Tätigkeit bzw. anhaltende Abwärtsentwicklung) ist auf einen mehrjährigen Zeitraum abzustellen; in der Regel sind hierzu drei Jahre ausreichend, während bei erheblichem Einkommensrückgang oder Anhaltspunkten für Manipulationen zur Überprüfung weitere Jahrgänge einbezogen werden können. In diesem Zusammenhang kann den Entnahmen eine Indizwirkung zukommen.

1.6 Einnahmen aus **Vermietung und Verpachtung und aus Kapitalvermögen**

1.6.1 Einnahmen aus Vermietung und Verpachtung sind – vermindert um die Aufwendungen zur Finanzierung und Erhaltung des Objektes – Einkommen. Die Berücksichtigungsfähigkeit von Tilgungsleistungen richtet sich nach den Umständen des Einzelfalles. AfA-Beträge sind für Gebäude nicht abzusetzen.

1.6.2 Einnahmen aus Kapitalvermögen sind nach Abzug der Werbungskosten als Einkommen zu berücksichtigen.

1.7 **Steuererstattungen bzw. Steuernachzahlungen** sind grundsätzlich auf das Zahlungsjahr umzulegen. Es besteht die Obliegenheit, mögliche Steuervorteile in Anspruch zunehmen. Dies gilt auch für das Realsplitting; diesbezüglich ist im laufenden Kalenderjahr die Eintragung eines Freibetrages auf der Lohnsteuerkarte aber nur zu veranlassen, wenn die betreffende Belastung auch der Höhe nach feststeht.

1.8 Sonstige Einnahmen (z. B. Trinkgelder).

2. Sozialleistungen

2.1 **Arbeitslosengeld, Krankengeld und Krankentagegeld** sind Einkommen.

2.2 **Arbeitslosenhilfe** ist Einkommen mit Ausnahme bei Zahlung an den Berechtigten, soweit dessen Unterhaltsanspruch auf den Leistungsträger übergegangen ist oder noch übergeleitet werden kann (§ 203 SGB III).

2.3 **Wohngeld** ist Einkommen, soweit es nicht überhöhte Wohnkosten deckt.

2.4 **BAföG-Leistungen** sind mit Ausnahme von Vorausleistungen nach §§ 36, 37 BAföG Einkommen. Das gilt in der Regel auch dann, wenn sie als Darlehn gewährt werden.

2.5 **Erziehungsgeld** ist nur ausnahmsweise als Einkommen zu behandeln (§ 9 S. 2 BErzGG).

2.6 **Unfall- und Versorgungsrenten** sind Einkommen.

2.7 Leistungen aus der **Pflegeversicherung, Blindengeld und ähnliche Sozialleistungen** sind Einkommen, wobei § 1610a BGB zu beachten ist.

2.8 **Pflegegeld** nach dem PflegeversicherungsG (§§ 33ff SGB XI), das an den Pflegenden weitergeleitet wird, ist nur unter den Voraussetzungen des § 13 Abs. 6 SGB XI Einkommen. Pflegegeld nach §§ 69a ff BSHG für eigene schwerbehinderte Kinder und nach § 39 KJHG (SGB VIII) für die Aufnahme fremder Kinder ist mit seinem im Einzelfall zu bemessenden Vergütungsanteil Einkommen.

2.9 Leistungen nach dem **Grundsicherungsgesetz** (BGBl. 2001 I 1310, 1335) sind Einkommen beim Verwandtenunterhalt (§§ 1, 2 GSiG).

2.10 **Sozialhilfe** ist in der Regel kein Einkommen. Allerdings kann die Geltendmachung rückständigen Unterhalts neben bereits gewährter Sozialhilfe ausnahmsweise treuwidrig sein, wenn dies wegen eines gesetzlichen Ausschlusses des Anspruchsüberganges auf den Sozialhilfeträger zu einer doppelten Befriedigung des Berechtigten führen würde.

2.11 Für den Unterhaltsvorschuss gelten die Ausführungen unter Ziffer 2.10.

3. Kindergeld

Das staatliche **Kindergeld** zählt nicht zum bedarfsprägenden Einkommen. Es ist nach § 1612b BGB unter den Eltern bei der Bemessung des Kindesunterhalts auszugleichen. Grundsätzlich erfolgt eine hälftige Anrechnung des Kindergeldes auf den Tabellenunterhalt, § 1612b Abs. 1 BGB. Nach Absatz 5 dieser Vorschrift unterbleibt jedoch eine Anrechnung des Kindergeldes, soweit der Pflichtige außerstande ist, Unterhalt in Höhe von 135% des Regelbetrags zu leisten (siehe Kindergeldanrechnungstabelle im Anhang II).

Kinderzulagen und Kinderzuschüsse zur Rente sind, wenn die Gewährung des staatlichen Kindergeldes entfällt, in Höhe des fiktiven Kindergeldes wie Kindergeld zu behandeln (§§ 65 EStG; 1612c BGB).

4. Geldwerte Zuwendungen des Arbeitgebers

Geldwerte Zuwendungen des Arbeitgebers aller Art, z.B. Firmenwagen oder freie Kost und Logis, sind Einkommen, soweit sie entsprechende Aufwendungen ersparen.

5. Wohnwert

5.1 Der **Vorteil des mietfreien Wohnens** im eigenen Haus oder in der Eigentumswohnung – Wohnvorteil – ist als wirtschaftliche Nutzung des Vermögens wie Einkommen zu behandeln.

5.2 Im Ehegattenunterhalt ist während der Trennungszeit der Wohnvorteil des bleibenden Ehegatten entsprechend der nur noch eingeschränkten Nutzung mit dem sog. angemessenen Wohnwert anzusetzen. Dieser richtet sich nach dem Mietpreis auf dem örtlichen Wohnungsmarkt für eine den ehelichen Lebensverhältnissen angemessene kleinere Wohnung. Die verbrauchsunabhängigen Grundstückslasten und der Finanzierungsaufwand (unter Berücksichtigung der staatlichen Eigenheimförderung) mindern den angemessenen Wohnwert.

5.3 Nach der Scheidung richtet sich der Wohnvorteil bei der Bedarfsbemessung (§ 1578 BGB) nach dem objektiven oder vollen Mietwert (Marktmiete) unter Abzug verbrauchsunabhängiger Grundstückslasten und etwaigen Finanzierungsaufwandes (Zinsen und Tilgung) sowie unter Berücksichtigung der staatlichen Eigenheimförderung. Nach der Veräußerung des Familienheimes treten die tatsächlichen bzw. die erzielbaren Einkünfte aus dem Erlös an die Stelle des Wohnwertes, ohne auf diesen beschränkt zu sein.

5.4 Auch bei der Beurteilung der Leistungsfähigkeit bzw. Bedürftigkeit ist nach der Scheidung – gegebenenfalls auch schon nach langer Trennungszeit – grundsätzlich auf den objektiven oder vollen Mietwert abzustellen. In welchem Umfang – neben den verbrauchsunabhängigen Grundstückslasten – auch der Finanzierungsaufwand den Wohnwert mindert, muss im Einzelfall nach den allgemeinen Regeln über die Berücksichtigung von Schulden (Ziffer 10.4) entschieden werden. Ist dem verbleibenden Ehegatten ausnahmsweise eine Verwertung (durch Teil- oder Vollvermietung oder Veräußerung) nicht möglich oder nicht zumutbar, wird – wie im Trennungsunterhalt – nur der angemessene Wohnwert angesetzt.

5.5 Im Kindesunterhalt bemisst sich der Wohnvorteil des pflichtigen Elternteils nach dem vollen Mietwert. Während der Trennungszeit der Eltern kann es jedoch wegen der noch nicht bestehenden Verwertungsobliegenheit geboten sein, nur den angemessenen Wohnwert anzusetzen. Grundstückslasten und Finanzierungsaufwand sind regelmäßig in vollem Umfang zu berücksichtigen. In engen wirtschaftlichen Verhältnissen kann der Tilgungsanteil als Vermögensbildung außer Ansatz bleiben.

6. Haushaltsführung/Zusammenleben

6.1 Für die **unentgeltliche Führung des Haushalts eines leistungsfähigen Dritten**, insbesondere eines neuen Partners, ist eine angemessene Vergütung zu fingieren und als Einkommen zu berücksichtigen. Dieses kann im Falle einer Vollversorgung mit Beträgen von 250 € bis 500 € angesetzt werden.

6.2 Das **Zusammenleben in einer häuslichen Gemeinschaft** kann unter dem Gesichtspunkt ersparter Wohn- und Haushaltskosten nach den Umständen des Einzelfalles die Bedürftigkeit mindern bzw. die Leistungsfähigkeit steigern. Vgl. auch Nr. 21.5.

7. Einkommen aus überobligatorischer (unzumutbarer) Erwerbstätigkeit

Einkommen aus überobligatorischer Erwerbstätigkeit kann nach Billigkeit ganz oder teilweise unberücksichtigt bleiben. Vgl. im übrigen Nr. 1.3 sowie Nr. 17.1 und 17.3.

8. Freiwillige Leistungen Dritter

Freiwillige Leistungen Dritter (z.B. Geldleistungen, Wohnungsgewährung) sind regelmäßig nicht als Einkommen zu berücksichtigen, es sei denn die Berücksichtigung entspricht dem Willen des zuwendenden Dritten. Im Mangelfall kann jedoch bei der Beurteilung der Leistungsfähigkeit bzw. Bedürftigkeit eine Anrechnung derartiger Leistungen auch gegen den Willen des Zuwendenden erwogen werden.

9. Einkommensfiktion

Zum Einkommen können auch Einkünfte zu rechnen sein, die aufgrund einer unterhaltsrechtlichen Obliegenheit erzielt werden müssten, aber tatsächlich nicht erzielt werden.

10. Bereinigung des Einkommens

10.1 In dem jeweiligen Jahr gezahlte **Steuern** auf das Einkommen und notwendige **Vorsorgeaufwendungen** sind vom Bruttoeinkommen abzuziehen. Hierzu zählen Aufwendungen für Kranken-, Pflege-, Renten- und Arbeitslosenversicherung. Kapitallebensversicherungen sind – neben der gesetzlichen Rentenversicherung – in der Regel nicht notwendig. Auf Nr. 1.7 wird verwiesen.

10.2 **Berufsbedingte Aufwendungen**

10.2.1 Notwendige berufsbedingte Aufwendungen von Gewicht mindern das Einkommen, soweit sie konkret dargelegt werden.

10.2.2 Für **Fahrten von der Wohnung zum Arbeitsplatz** sind – jedenfalls in engen wirtschaftlichen Verhältnissen – in der Regel nur die Kosten öffentlicher Verkehrsmittel absetzbar. Ist die Benutzung öffentlicher Verkehrsmittel unzumutbar, sind die Kosten der PKW-Nutzung in der Regel mit 0,24 € je Kilometer (Formel: Entfernungskilometer × 2 × 0,24 € × 220 Arbeitstage: 12 Monate) abzugsfähig. Wenn die einfache Entfernung über 30 Kilometer hinausgeht, wird von der Mehrheit der Senate empfohlen, die weiteren Kilometer wegen der eintretenden Kostenersparnis nur mit den Betriebskosten von 0,09 €/km anzusetzen. Neben den Fahrtkosten sind regelmäßig keine weiteren Kosten (etwa für Kredite oder Reparaturen) abzugsfähig.

10.2.3 Bei einem Auszubildenden sind in der Regel 85 € als **Ausbildungsaufwand** abzuziehen (Nr. 12.2), soweit dieser Aufwand nicht bereits in dem Bedarfssatz enthalten ist (Nr. 13.1.2).

10.3 Das Einkommen aus einer neben der **Kinderbetreuung** ausgeübten überobligatorischen Erwerbstätigkeit kann um den notwendigen, konkret dargelegten Aufwand für die Betreuung des Kindes vermindert werden. Fallen keine konkreten Betreuungskosten an, kann – sofern besondere Erschwernisse dargelegt werden – ein **Betreuungsbonus** belassen werden, dessen Höhe sich nach dem Alter des Kindes richtet, jedoch den jeweiligen Bedarfssatz des Barunterhalts nicht erreicht. Das gilt ebenfalls bei der Prüfung der Frage, ob der betreuende Elternteil auch zu dessen Barunterhalt beitragen muss (§ 1603 Abs. 2 S. 3 BGB). Auf Nr. 12.3 wird verwiesen.

10.4. Schulden

10.4.1 Schulden können das anrechenbare Einkommen vermindern. Beim Ehegattenunterhalt sind Verbindlichkeiten nur dann bedarfsbestimmend, wenn sie schon die ehelichen Lebensverhältnisse geprägt haben. Andernfalls beeinflussen sie nur die Leistungsfähigkeit bzw. die Bedürftigkeit. Soweit die Verbindlichkeiten noch bei intakter Ehe eingegangen sind oder ihre Begründung als Folge der Trennung oder aus sonstigen Gründen unumgänglich war, können sie in der Regel nach einer den Billigkeitsgrundsätzen entsprechenden Gesamtabwägung der Einzelfallumstände in angemessenen Raten (Zinsen und Tilgung) im Rahmen eines vernünftigen Tilgungsplans abzugsfähig sein.

10.4.2 Beim Unterhalt für minderjährige und privilegierte volljährige Kinder sind Schulden nach obiger Maßgabe regelmäßig nur dann voll berücksichtigungsfähig, wenn der Regelbetrag sichergestellt wird. Andernfalls ist lediglich ein Anwachsen der Verbindlichkeiten zu vermeiden (nur Abzug von Kreditzinsen).

10.5 Unterhaltsleistungen

10.6 **Vermögenswirksame Leistungen** vermindern das Einkommen nicht. Jedoch sind dem Pflichtigen bzw. Berechtigten etwaige Zusatzleistungen des Arbeitgebers für die vermögenswirksame Anlage (mit dem Nettobetrag) sowie die staatliche Sparzulage voll zu belassen.

Kindesunterhalt

11. Bemessungsgrundlage (Tabellenunterhalt)

Der Barunterhalt **minderjähriger sowie noch im Haushalt eines Elternteils lebender volljähriger unverheirateter** Kinder ist der Unterhaltstabelle (Düsseldorfer Tabelle) zu entnehmen (siehe Anhang I).

11.1 In den Tabellensätzen sind Beiträge zur Kranken- und Pflegeversicherung nicht enthalten.

11.2 Eingruppierung

11.2.1 Die Tabellensätze sind auf den Fall zugeschnitten, dass der Pflichtige einem Ehegatten und zwei Kindern Unterhalt zu gewähren hat. Bei einer größeren Anzahl von Berechtigten können Abschläge, bei einer geringeren Anzahl Zuschläge – durch Einstufung in höhere/niedrigere Gruppen – angemessen sein. Besteht eine Unterhaltspflicht lediglich gegenüber einem Kind (also nicht auch gegenüber einem Ehegatten und einem weiteren Kind), kann eine **Höhergruppierung** um mehr als nur eine Einkommensgruppe in Betracht kommen. Eine Eingruppierung in eine höhere Einkommensgruppe setzt jedoch voraus, dass dem Pflichtigen nach Abzug des Tabellenkindesunterhalts und des Ehegattenunterhalts der für die höhere Einkommensgruppe maßgebende Bedarfskontrollbetrag (Nr. 11.2.2) verbleibt.

11.2.2 Der Kindesunterhalt muss in einem angemessenen Verhältnis zu dem Betrag stehen, der dem Pflichtigen nach Abzug des Kindes- und des Ehegattenunterhaltes für den eigenen Bedarf verbleibt **(Bedarfskontrollbetrag).** Wird der Bedarfskontrollbetrag unterschritten, ist der Unterhalt der nächst niedrigeren Einkommensgruppe, deren Bedarfskontrollbetrag gewahrt wird, zu entnehmen. In den ersten sechs Einkommensgruppen der Unterhaltstabelle ist der Bedarfskontrollbetrag wegen der Kindergeldanrechnungsvorschrift des § 1612b Abs. 5 BGB weitgehend ohne Bedeutung.

12. Minderjährige Kinder

12.1 Der Betreuungsunterhalt im Sinne des § 1606 Abs. 3 S. 2 BGB entspricht wertmäßig in der Regel dem vollen Barunterhalt.

12.2 Einkommen des Kindes wird bei beiden Eltern hälftig angerechnet. Die Ausbildungsvergütung ist – nach Kürzung um den ausbildungsbedingten Mehrbedarf (Nr. 10.2.3) – als Einkommen zu behandeln.

12.3 Der Elternteil, der in seinem Haushalt ein minderjähriges unverheiratetes Kind betreut, braucht deshalb neben dem anderen Elternteil regelmäßig keinen Barunterhalt zu leisten. Er kann jedoch auch barunterhaltspflichtig sein, wenn sein Einkommen bedeutend höher als das des anderen Elternteils ist oder wenn sein eigener angemessener Unterhaltsbedarf (1000 €) bei zusätzlicher Leistung auch des Barunterhalts nicht unterschritten wird, während der an sich allein barunterhaltspflichtige Elternteil hierzu ohne Beeinträchtigung seines eigenen angemessenen Unterhaltsbedarfs nicht in der Lage ist (§ 1603 Abs. 2 S. 3 BGB).

12.4 Zusatzbedarf

13. Volljährige Kinder

13.1.1 Volljährige Kinder, die noch **im Haushalt der Eltern oder eines Elternteils** leben, erhalten, wenn keine besonderen Umstände vorliegen, den Tabellenbetrag der vierten Altersstufe. Ihr Bedarf bestimmt sich nach dem zusammengerechneten Einkommen der Eltern aus der Unterhaltstabelle (dazu Nr. 11), und zwar ohne Abzug wegen doppelter Haushaltsführung. Diese Grundsätze finden auch auf privilegierte volljährige Kinder (§ 1603 Abs. 2 S. 2 BGB) Anwendung.

13.1.2 Der Bedarf eines **Studenten** beträgt bei auswärtiger Unterbringung in der Regel 600 €. Dieser Bedarfssatz kann auch für ein **Kind mit eigenem Hausstand** angesetzt werden. Ein eigener Kranken- bzw. Pflegeversicherungsbeitrag ist in diesem Betrag nicht enthalten. Dagegen sind in dem Bedarfssatz ausbildungs- bzw. berufsbedingte Aufwendungen bis zu einem Betrag von monatlich 85 € enthalten.

13.2 **Einkommen des Kindes**, auch BAföG-Darlehn und Ausbildungsbeihilfen, werden – gekürzt um ausbildungsbedingte Aufwendungen (vgl. Nr. 10.2.3) – auf den Bedarf angerechnet.

13.3 Beiderseitige Barunterhaltspflicht/Haftungsanteil

13.3.1 Die **Haftungsanteile** der Eltern (§ 1606 Abs. 3 S. 1 BGB), die für ein volljähriges Kind unterhaltspflichtig sind, bestimmen sich nach dem Verhältnis ihrer anrechenbaren Einkommen abzüglich ihres angemessenen Selbstbehalts (1000 €) und abzüglich der Unterhaltsleistungen an vorrangig Berechtigte.

13.3.2 Für die Unterhaltspflicht gegenüber **privilegierten volljährigen Kindern** i.S.d. § 1603 Abs. 2 S. 2 BGB bemessen sich die Haftungsanteile der Eltern nach dem Verhältnis ihrer anrechenbaren Einkommen abzüglich ihres notwendigen Selbstbehalts (730 € bzw. 840 €). Die Barunterhaltspflichten gegenüber minderjährigen Kindern sind auch in diesem Fall vorweg abzuziehen. Hiervon kann im Einzelfall abgesehen werden, wenn der Vorwegabzug zu einem unbilligen Ergebnis führt wie z. B. bei der Berücksichtigung nicht gemeinsamer minderjähriger Kinder.

13.3.3 Ein Elternteil hat jedoch in der Regel höchstens den Unterhalt zu leisten, der sich allein nach seinem Einkommen aus der Unterhaltstabelle ergibt.

14. Zur Verrechnung des Kindergeldes siehe Nr. 3.

Ehegattenunterhalt

14. Unterhaltsbedarf

15.1 Bedarfsprägung durch die **ehelichen Lebensverhältnisse.** Der Anspruch eines Ehegatten wird begrenzt durch den Bedarf nach den ehelichen Lebensverhältnissen (§ 1578 BGB), die durch die eheprägenden Einkünfte und sonstigen vermögenswerten Vorteile beider Ehegatten bestimmt werden. Eheprägendes Einkommen können auch solche Erwerbseinkünfte sein, die ein Ehegatte erstmals nach der Trennung oder der Scheidung erzielt oder pflichtwidrig zu erzielen unterlässt. Renten sind unabhängig davon, ob sie auf Anwartschaften beruhen, die vor, während oder nach der Ehe oder aufgrund des Versorgungsausgleichs erworben worden sind, als eheprägende Einkünfte zu behandeln. Auch Erträge aus dem Erlös aus der Veräußerung des Familienheimes sind bedarfsprägend (vgl. Nr. 5.3).

15.2 **Halbteilung, Erwerbstätigenbonus und Berechnungsmethoden**

15.2.1 Es gilt der Halbteilungsgrundsatz, wobei jedoch Erwerbseinkünfte nur zu 6/7 zu berücksichtigen sind (Abzug von 1/7 Erwerbstätigenbonus vom bereinigten Einkommen). Besteht Anspruch auf angemessenen Unterhalt (§§ 1361, 1569ff BGB; 58 EheG), schuldet der Pflichtige danach in der Regel 3/7 seines verteilungsfähigen Erwerbseinkommens und 1/2 seiner sonstigen anrechenbaren Einkünfte.

15.2.2 Hat der Berechtigte eigenes eheprägendes Erwerbseinkommen, kann er 3/7 des Unterschiedsbetrages zum Erwerbseinkommen des Pflichtigen und 1/2 des Unterschiedsbetrages sonstiger eheprägender Einkünfte beider Ehegatten beanspruchen (**Differenzmethode**). Nichtprägende Einkünfte des Berechtigten werden – Erwerbseinkünfte nur zu 6/7 – auf die 3/7- bzw. 1/2-Quote angerechnet (**Anrechnungsmethode**).

15.2.3 Bei der Berechnung des **Erwerbstätigenbonus** und der Quote von 3/7 bzw. ½ ist von den Mitteln auszugehen, die den Ehegatten nach Vorwegabzug ihrer zu berücksichtigenden Verbindlichkeiten (z. B. Beiträge zur Alters-, Kranken- und Pflegeversicherung, Kredit- und Sparraten, berufsbedingte Aufwendungen) und des Kindesunterhalts (Tabellenbetrag) noch für den Verbrauch zur Verfügung stehen.

15.2.4 Beim Zusammentreffen von Erwerbseinkommen mit anderen Einkünften empfiehlt sich aus Gründen der Übersichtlichkeit die Anwendung der **Additionsmethode**, die zum gleichen Ergebnis führt wie die Differenzmethode. (Beispiel zu den Berechnungsmethoden: siehe Anhang III 1.).

15.3 Bei besonders günstigen wirtschaftlichen Verhältnissen hält ein Teil der Senate die gebotene **konkrete Bedarfsberechnung** für erforderlich, wenn das nach Abzug der berücksichtigungsfähigen Aufwendungen einschließlich des Kindesunterhaltsbedarfs verbleibende Einkommen der Eheleute den Betrag des Einkommens der höchsten Einkommensgruppe der Unterhaltstabelle überschreitet.

15.4. Vorsorgebedarf

15.4.1 Die Kosten einer notwendigen Kranken- und Pflegeversicherung des berechtigten Ehegatten, die weder dessen Arbeitgeber zahlt, noch vom eigenen Einkommen des Berechtigten bestritten werden, sowie die Kosten der Altersvorsorge (Altersvorsorgeunterhalt) können zusätzlich verlangt werden. Diese Kosten sind bei der Berechnung der 3/7- bzw. 1/2-Quote vorab vom anrechenbaren Einkommen des Pflichtigen abzuziehen.

15.4.2 Der **Altersvorsorgeunterhalt** (§ 1578 Abs. 3 BGB) wird in Anknüpfung an den dem Berechtigten zustehenden Elementarunterhalt regelmäßig nach der Bremer Tabelle zweistufig berechnet. In Fällen besonders günstiger wirtschaftlicher Verhältnisse und bei Anwendung der Anrechnungsmethode kommt eine einstufige Berechnung in Betracht. Soweit Einkünften des Berechtigten kein Versorgungswert zukommt (z. B. Einkünfte wegen der Versorgung eines neuen Partners), bleiben diese bei der Berechnung des Altersvorsorgeunterhalts unberücksichtigt.

15.4.3 Wegen des Vorrangs des Elementarunterhalts besteht ein Anspruch auf Altersvorsorgeunterhalt nur insoweit, als das Existenzminimum des Berechtigten (vgl. Nr. 21.4.2) gedeckt ist.

15.5 Konkret geltend gemachter **trennungsbedingter Mehrbedarf** kann darüber hinaus berücksichtigt werden, wenn dieser Bedarf aus zusätzlichen nichtprägenden Einkünften befriedigt werden kann.

16. Bedürftigkeit

17. Erwerbsobliegenheit/überobligatorisches Einkommen

17.1.1 Betreut ein Ehegatte ein gemeinschaftliches Kind, das noch die Grundschule besucht, besteht in der Regel keine Verpflichtung, einer Erwerbstätigkeit nachzugehen. Nach der Grundschulzeit ist nach den Umständen des Einzelfalls zu entscheiden, ob und in welchem Umfang bereits eine Erwerbsobliegenheit besteht. Hat das Kind das 16. Lebensjahr vollendet, muss regelmäßig eine Vollzeittätigkeit ausgeübt werden. Werden mehrere minderjährige Kinder betreut, bestimmt sich die Erwerbsobliegenheit nach den Umständen des Einzelfalls.

17.1.2 Zur Berücksichtigung von Kinderbetreuungskosten siehe Nr. 10.3.

17.2 Im ersten Jahr nach der Trennung besteht für den Berechtigten in der Regel keine Obliegenheit zur Aufnahme oder Ausweitung einer Erwerbstätigkeit.

17.3 Soweit **Einkünfte des Berechtigten** aus einer – auch erst nach Trennung/Scheidung aufgenommenen – **überobligatorischen Erwerbstätigkeit** die ehelichen Lebensverhältnisse geprägt haben/prägen, sind sie nach Abzug des mit der Erwerbstätigkeit verbundenen Aufwandes (z. B. Nr. 10.3) nach Billigkeit zu berücksichtigen (vgl. Nr. 7) und in eine Differenzberechnung einzustellen; soweit solche Einkünfte die ehelichen Lebensverhältnisse nicht geprägt haben/prägen, sind sie nach § 1577 Abs. 2 BGB auf den Bedarf (bzw. die 3/7 oder 1/2-Quote) anzurechnen.

Weitere Unterhaltsansprüche

18. Ansprüche aus § 1615 l BGB

Der Bedarf der Mutter und des Vaters eines nichtehelichen Kindes (§ 1615 l Abs. 1, 2, 5 BGB) richtet sich nach der Lebensstellung des betreuenden Elternteils; er beträgt aber in der Regel mindestens 730 € monatlich, bei Erwerbstätigkeit 840 €.

19. Elternunterhalt

Beim Bedarf der Eltern sind Leistungen nach dem GSiG zu berücksichtigen (vgl. Nr. 2.9).

20. Lebenspartnerschaft

Leistungsfähigkeit und Mangelfall

21. Selbstbehalt des Pflichtigen

21.1 Dem Pflichtigen muss nach Abzug der Unterhaltsansprüche der **Selbstbehalt** (Eigenbedarf) verbleiben.

21.2 **Notwendiger Selbstbehalt**

Der Selbstbehalt des Pflichtigen beträgt im Falle des § 1603 Abs. 2 BGB gegenüber minderjährigen und privilegierten volljährigen (§ 1603 Abs. 2 S. 2 BGB) Kindern mindestens 730 €, bei Erwerbstätigkeit des Pflichtigen mindestens 840 €. Hierin sind Kosten für Unterkunft einschließlich umlagefähiger Nebenkosten und Heizung (Warmmiete) in Höhe von 360 € enthalten.

21.3 **Angemessener Selbstbehalt**

21.3.1 Der Selbstbehalt des Pflichtigen beträgt gegenüber nicht privilegierten volljährigen Kindern (§ 1603 Abs. 1 BGB) und gegenüber der Mutter/dem Vater eines nichtehelichen Kindes (§§ 1615 l Abs. 3 S. 1, 5, 1603 Abs. 1 BGB) im Regelfall mindestens 1.000 €. Hierin sind Kosten für Unterkunft einschließlich umlagefähiger Nebenkosten und Heizung (Warmmiete) in Höhe von 440 € enthalten.

21.3.2 Der angemessene Selbstbehalt eines pflichtigen Kindes gegenüber den Eltern beträgt mindestens 1250 €, wobei die Hälfte des diesen Mindestbetrag übersteigenden Einkommens zusätzlich anrechnungsfrei bleiben kann. Hierin sind Kosten für Unterkunft einschließlich umlagefähiger Nebenkosten und für Heizung (Warmmiete) in Höhe von 440 € enthalten.

21.4 **Eheangemessener Selbstbehalt**

21.4.1 Der Selbstbehalt des Pflichtigen gegenüber dem Anspruch des Ehegatten entspricht dem notwendigen Selbstbehalt (Nr. 21.2), wenn bei dem berechtigten Ehegatten minderjährige oder privilegierte volljährige Kinder leben, die ebenfalls Unterhaltsansprüche gegen den Pflichtigen haben. In anderen Fällen kann – namentlich bei Beachtung des § 1581 BGB – ein erhöhter Selbstbehalt in Betracht kommen. Unter Billigkeitsgesichtspunkten wird vielfach ein Betrag von 920 € in Frage kommen **(billiger Selbstbehalt)**, der auch für den nicht erwerbstätigen Pflichtigen gilt.

21.4.2 Als **Existenzminimum** des unterhaltsberechtigten Ehegatten, das neben der Mangelverteilung (vgl. Nr. 23) z. B. im Rahmen des § 1579 BGB von Bedeutung sein kann, kommt – einschließlich evtl. trennungsbedingten Mehrbedarfs – in der Regel ein Betrag von 730 € in Betracht, bei eigener Erwerbstätigkeit von 840 € und für den Fall, daß der Ehegatte mit dem Pflichtigen zusammenlebt, ein solcher von 535 €, bei eigener Erwerbstätigkeit von 615 €.

21.5 Anpassung des Selbstbehalts

Eine angemessene Erhöhung des Selbstbehalts kommt in Betracht, wenn die in den jeweiligen Selbstbehalten enthaltenen Wohnkosten nach den Umständen unvermeidbar erheblich überschritten werden. Beim Verwandtenunterhalt kann der jeweilige Selbstbehalt unterschritten werden, wenn der eigene Unterhalt des Pflichtigen ganz oder teilweise durch seinen Ehegatten gedeckt wird (vgl. dazu auch Nr. 6.2).

22. Bedarf des mit dem Pflichtigen zusammenlebenden Ehegatten

22.1 Ist bei Unterhaltsansprüchen minderjähriger und privilegierter volljähriger Kinder der Pflichtige verheiratet, werden für den mit ihm zusammenlebenden Ehegatten im Regelfall 535 €, bei dessen Erwerbstätigkeit 615 € angesetzt.

22.2 Ist bei Unterhaltsansprüchen volljähriger Kinder, Enkeln oder nach § 1615 l Abs. 1, 2 BGB der Pflichtige verheiratet, werden für den mit ihm zusammenlebenden Ehegatten im Regelfall 750 € angesetzt.

22.3 Ist bei Unterhaltsansprüchen der Eltern das unterhaltspflichtige Kind verheiratet, werden für den mit ihm zusammenlebenden Ehegatten mindestens 950 € angesetzt. Im Familienbedarf von 2200 € (1250 + 950 €) sind Kosten für Unterkunft und Heizung in Höhe von 770 € enthalten.

23. Mangelfall

23.1 Reicht das Einkommen des Pflichtigen nach Abzug seines Selbstbehalts (Nr. 21) zur Deckung des Bedarfs aller gleichrangigen Unterhaltsberechtigten nicht aus, liegt ein Mangelfall vor. Bei der Frage, ob ein Mangelfall vorliegt, entspricht der anzusetzende Bedarf für minderjährige und privilegierte volljährige Kinder ihrem Bedarf nach der Unterhaltstabelle, für den getrenntlebenden/geschiedenen Ehegatten seinem konkret berechneten Bedarf (Nr. 15), wobei im Einzelfall zur Vermeidung eines unbilligen Ergebnisses vom Vorwegabzug des Kindesunterhalts abgesehen werden kann. Liegt ein Mangelfall vor, ist die Verteilungsmasse (= bereinigtes Einkommen des Pflichtigen abzüglich Selbstbehalt) auf die gleichrangigen Unterhaltsberechtigten im Verhältnis ihrer Einsatzbeträge (vgl. Nr. 23.2) zu verteilen.

23.2 Die **Einsatzbeträge** im Mangelfall belaufen sich

23.2.1 für minderjährige und privilegierte volljährige Kinder auf 135% des Regelbetrages der jeweiligen Altersstufe (= Einkommensgruppe 6 der Unterhaltstabelle),

23.2.2 für den getrenntlebenden/geschiedenen Ehegatten auf das Existenzminimum, das sind 730 € bei Nichterwerbstätigen und 840 € bei Erwerbstätigen,

23.2.3 für den mit dem Pflichtigen zusammenlebenden Ehegatten auf dessen Existenzminimum, das sind 535 €/615 € (vgl. Nr. 22.1). Anrechenbares Einkommen des Berechtigten ist von seinem Einsatzbetrag abzuziehen.

23.3 **Rechenbeispiel** zum Mangelfall siehe Anhang III 2.

23.4 Wegen der **Kindergeldanrechnung** wird auf Nr. 3 verwiesen.

24. Konkurrenz von Unterhaltsansprüchen

24.1 **Zusammentreffen von Ansprüchen minderjähriger Kinder, privilegierter volljähriger Kinder und getrennt lebender bzw. geschiedener Ehegatten:** Minderjährige Kinder, privilegierte volljährige Kinder und getrennt lebender/geschiedener Ehegatte sind gleichrangig (§ 1609 Abs. 2 S. 1 BGB). Die Kinder erhalten den Tabellenunterhalt wie zu Nr. 11, der Ehegatte die Sätze wie zu Nr. 15. Im Mangelfall (vgl. Nr. 23.1) gilt Nr. 23.2.

24.2 **Zusammentreffen von Ansprüchen mehrerer gleichrangiger Ehegatten:**

24.2.1 Die Ehegatten (etwa die geschiedene Ehefrau und die zweite Ehefrau) erhalten grundsätzlich den gleichen Anteil. Die Verteilung erfolgt also im Verhältnis 4:3:3, ist der Pflichtige nicht erwerbstätig, im Verhältnis 1:1:1.

24.2.2 Lebt ein Ehegatte mit dem Pflichtigen zusammen, ist mit Rücksicht auf die Ersparnis durch gemeinsame Haushaltsführung in der Regel ein Ausgleich zugunsten des anderen Ehegatten in der Weise vorzunehmen, dass sich ein Verhältnis von 4:3,3:2,7 ergibt, wenn der Pflichtige nicht erwerbstätig ist, von 3,6:3,6:2,8.

24.2.3 Hat der geschiedene Ehegatte eigenes Einkommen, kann folgende Lösung erwogen werden: Zunächst ist der Unterhalt des zweiten Ehegatten (ohne Einkommen) nach dem anrechenbaren Einkommen des Pflichtigen unter Berücksichtigung beider Ehegatten (Ehefrauen), aber ohne Berücksichtigung des Einkommens des geschiedenen Ehegatten zu berechnen. Sodann ist in einem zweiten Gang der Anspruch des geschiedenen Ehegatten nach Nr. 15 zu errechnen, wobei jedoch zuvor von dem Einkommen des Pflichtigen der im ersten Gang ermittelte Unterhalt des zweiten Ehegatten vorab als Verbindlichkeit abzuziehen ist. Im Mangelfall (vgl. Nr. 23.1) ist die Verteilungsmasse im Verhältnis ihrer Einsatzbeträge nach Nrn. 23.2.2 und 23.2.3 aufzuteilen. Für den Fall, dass der zweite Ehegatte Einkommen hat, wird von einem Lösungsvorschlag abgesehen.

24.3 **Zusammentreffen von Ansprüchen mehrerer gleichrangiger Ehegatten und minderjähriger sowie privilegierter volljähriger Kinder:** Die Kinder erhalten den Tabellenunterhalt wie zu Nr. 11, die Ehegatten die Anteile wie zu Nr. 24.2.1 und 24.2.2 nach Vorwegabzug des Kindesunterhalts. Im Mangelfall (vgl. Nr. 23.1) gilt Nr. 23.2.

24.4 **Zusammentreffen von Ansprüchen mehrerer Ehegatten bei Vorrang des geschiedenen Ehegatten:** Bei Vorrang des geschiedenen Ehegatten (§ 1582 BGB) ist dessen Unterhaltsbedarf nach den in Nr. 24.1 dargestellten Grundsätzen zu ermitteln. Bei Vorhandensein minderjähriger und privilegierter volljähriger Kinder neben dem geschiedenen und dem zweiten Ehegatten gilt der in § 1609 Abs. 2 S. 1 BGB angeordnete Gleichrang aller Kinder mit dem Ehegatten nur für den nach § 1582 BGB vorrangig geschiedenen, nicht auch für den nachrangigen zweiten Ehegatten. Gleichrang aller Kinder mit dem zweiten Ehegatten ist nur dann anzunehmen, wenn der geschiedene Ehegatte keine Unterhaltsansprüche hat oder stellt.

24.5 **Zusammentreffen von Ansprüchen mit bereits titulierten Ansprüchen:** Soweit Unterhaltsansprüche anderer Berechtigter bereits tituliert sind, ist die Rechtslage in der Regel wie bei gleichzeitiger Entscheidung über alle Unterhaltsansprüche zu beurteilen. Der Verpflichtete/Berechtigte ist auf eine Abänderungsklage gemäß § 323 ZPO zu verweisen.

Sonstiges

25. Der Unterhaltsbetrag ist auf volle Euro **aufzurunden**.

Rechenbeispiele

1. Differenzmethode/Additionsmethode

Mann (M): 3500 € Nettoeinkommen; Frau (F): 700 € Nettoeinkommen, 800 € Wohnvorteil des in der Ehewohnung verbliebenen M, 600 € Hauslasten von M getragen

Additionsmethode:
3500 € × 6/7 = 3000 € Einkommen M
+ 800 € Wohnvorteil
– 600 € Hauslasten
700 € × 6/7 = + 600 € Einkommen F
3800 €
1/2 = 1900 € Bedarf der F
– 600 € Einkommen F
1300 € Anspruch F

Differenzmethode:
3500 € × 6/7 = 3000 € Einkommen M
+ 800 € Wohnvorteil
– 600 € Hauslasten
700 € × 6/7 = – 600 € Einkommen F
2600 €
1/2 = 1300 € Anspruch F
oder (3500 € – 700 €) × 3/7 = 1200 € + ((800 € – 600 €) × 1/2) = 1300 €

2. Mangelfallberechnung

Mann (M): 1550 € Nettoeinkommen; Frau (F): kein Einkommen; Kind 8 Jahre (K1); Kind 5 Jahre (K2)

1. Stufe: Bedarfsermittlung und Feststellung des Mangelfalls

1550 € anrechenbares Einkommen des M
– 275 € Unterhalt K1, Tabellen-Bedarfssatz der 3. Eink.-Gruppe/2. Altersstufe
– 227 € Unterhalt K2, Tabellen-Bedarfssatz der 3. Eink.-Gruppe/1. Altersstufe
1048 €
3/7 = 449 € Bedarf der F nach den ehelichen Lebensverhältnissen

Bei einem Missverhältnis zwischen Kindes- und Ehegattenbedarf kommt eine Korrektur der Bedarfsermittlung durch Verzicht auf Vorwegabzug des Kindesunterhalts in Betracht (Nr. 23.1).

Leistungsfähigkeit des M:
1550 € anrechenbares Einkommen des M
– 275 € Bedarf K1
– 227 € Bedarf K2
– 449 € Bedarf F
599 € verbleiben M

Es liegt ein Mangelfall vor, da das verbleibende Einkommen unterhalb des notwendigen Selbstbehalts von 840 € liegt (Nr. 23.1). Ein etwaiger Kindergeldausgleich bleibt bei der Feststellung des Mangelfalles unberücksichtigt.

2. Stufe: Mangelverteilung

Ermittlung der Verteilungsquote: Verhältnis des Gesamtbetrages der Einsatzbeträge aller gleichrangigen Unterhaltsberechtigten auf der Grundlage des jeweiligen Existenzminimums der Kinder (Nr. 23.2.1) und der Ehefrau (Nr. 23.2.2) in Höhe von 1325 € (326 € für K1, 269 € für K2 und 730 € für F) zur Verteilungsmasse 710 € (1550 €. ./. 840 € Selbstbehalt) = 53,58%.

Aufteilung der Verteilungsmasse

auf K1 entfallen 326 € × 53,58% = 174 €
auf K2 entfallen 269 € × 53,58% = 144 €
auf F entfallen 730 € × 53,58% = 392 €.

Da die für die Kinder ermittelten Beträge unter den Zahlbeträgen der 6. Eink.-Gruppe abzgl. hälftiges Kindergeld liegen (hier: 249 € und 192 €), kann das Kindergeld weder zur Hälfte noch mit einem Teilbetrag hiervon zugunsten des M abgezogen werden, d. h. die Anrechnungsregelung des § 1612 b Abs. 5 BGB führt dazu, dass ein Kindergeldausgleich nicht stattfindet.

3. Stufe: Billigkeitsprüfung des Ergebnisses

Eine Korrektur des Ergebnisses unter dem Gesichtspunkt der Billigkeit und Angemessenheit ist hier nicht veranlasst.

Berechnungsbeispiele Unterhalt

Eine Anmerkung vorweg: Im Unterhaltsrecht gibt es keine absoluten Wahrheiten. Geschuldet ist der „angemessene" Unterhalt, was immer das sein soll. Folgend einige vom Autor erdachte Beispiele, gerechnet auf der Basis der Leitlinien des Oberlandesgerichtes Hamm. Es sei aber nicht verschwiegen, dass gerade beim Unterhalt Volljähriger sowie in Mangelfällen zum Teil nicht unwesentlich abweichende Lösungen selbst beim OLG Hamm vertreten werde und diese Lösungen z.T. auch von der Rechtsprechung des BGH abweichen. Sie dienen daher hauptsächlich dazu, in etwa den Weg der Unterhaltsberechnung aufzuzeigen und im Groben die Größenordnungen zu bestimmen, in denen Unterhaltsverpflichtungen zu erwarten sind.

Nachfolgend einige Beispielsrechnungen, ausgeführt mit dem uneingeschränkt zu empfehlenden Programm von Gutdeutsch: Familienrechtliche Berechnungen, erhältlich im Verlag C.H.Beck:

Beispiel 1:

- Ehemann monatlicher Netto-Verdienst 1000,– €
- Ehefrau kein Einkommen, eigener Haushalt, bezieht das Kindergeld
- Zwei Kinder, 15 und 7 Jahre alt, leben bei der Mutter

Berechnung des Unterhalts

Grunddaten:
Die Berechnung legt die folgenden Verhältnisse zugrunde:

Pflichtiger:
Name: Ehemann
Einkommen (ohne Kindergeld) .... 1000,00 €

Kinder:
1. Kind: Alter 15 Jahre
Der Bedarf bestimmt sich nach der Kindesunterhaltstabelle
Hälftiges Kindergeld nach § 1612b I, V BGB anzurechnen 77,00 €
2. Kind: Alter 7 Jahre
Der Bedarf bestimmt sich nach der Kindesunterhaltstabelle
Hälftiges Kindergeld nach § 1612b I, V BGB anzurechnen 77,00 €

Gatte:
Name: Ehefrau
Einkommen (ohne Kindergeld) .... 0,00 €

Unterhaltsberechnung:
Bei der Bemessung des Bedarfs eines Kindes im Haushalt eines Elternteils legen die Gerichte die Düsseldorfer Tabelle oder eine vergleichbare Kindesunterhaltstabelle der neuen Bundesländer zu Grunde. Diese bestimmen den Unterhalt in Abhängigkeit vom Einkommen des Pflichtigen nach der Altersstufe des Kindes und der Eingruppierung des Pflichtigen in eine bestimmte Einkommensgruppe. Aus dem Einkommen des Pflichtigen

von ...	1000,00 €

ergibt sich
Kindesunterhalt nach der Düsseldorfer Tabelle, Stand 03
Gruppe 1: - 1300 BKB: 850

Kindesunterhalt:

Kind 1 ...	284,00 €
Kind 2 ...	241,00 €
insgesamt prägend ...	525,00 €

Gattenunterhalt:
Da nur der Pflichtige über ein die ehelichen Lebensverhältnisse prägendes Einkommen verfügt, richtet sich der Bedarf nur nach seinem Einkommen. Kindesunterhalt, der die ehelichen Lebensverhältnisse prägt, ist vorweg vom Einkommen abzuziehen, wenn nicht ein Mangelfall vorliegt (BGH FamRZ 2003, 363). Wenn das prägende Einkommen auf Erwerbstätigkeit beruht, steht dem, der es bezieht, vorab ein Anteil desselben als Erwerbsbonus zu, wodurch nicht bezifferbare Belastungen erfasst und auch ein Erwerbsanreiz geschaffen werden soll.

Einkommen des Pflichtigen:

prägendes Einkommen ...	1000,00 €
prägender Kindesunterhalt ...	–525,00 €
Einkommen des Pflichtigen ...	475,00 €
Quotenunterhalt 3/7 ...	**204,00 €**
bleibt ...	271,00 €
Vorabzug prägenden Kindesunterhalts wegen Mangels vermindert auf ...	0,00 €

Nach der Rechtsprechung des BGH führt der Vorwegabzug des Kindesunterhalts nicht zu einer angemessenen Bestimmung des Gattenunterhalts, wenn eine Mangellage gegeben ist. In diesem Fall unterbleibt deshalb der Vorabzug (BGH FamRZ 2003, 363).

Gattenunterhalt:
Da nur der Pflichtige über ein die ehelichen Lebensverhältnisse prägendes Einkommen verfügt, richtet sich der Bedarf nur nach seinem Einkommen.

Einkommen des Pflichtigen:

prägendes Einkommen ...	1000,00 €
Quotenunterhalt 3/7 ...	**429,00 €**
bleibt ...	46,00 €

Mangelfall:
Bei der Verteilung des verfügbaren Betrags sind nach BGH FamRZ 2003, 363 nicht die unter Berücksichtigung der eingeschränkten Verhältnisse ermittelten Bedarfssätze, sondern angemessene Unterhaltsbeträge als Einsatzbeträge für die Quotierung zu wählen und zwar für die Kinder 135% des Regelbetrags und für den Gatten sein notwendiger Selbstbehalt. Daraus ergeben sich folgende Einsatzbeträge:

Kind 1	384,00 €
Kind 2	326,00 €
Ehefrau	730,00 €
Summe	1440,00 €
verteilungsfähig	
Einkommen	1000,00 €
Selbstbehalt	-840,00 €
	160,00 €
Kürzung auf 160/1440 = 11,1%	
Kind 1	43,00 €
Kind 2	36,00 €
Ehefrau	81,00 €
dem Pflichtigen bleibt	840,00 €

Kindergeldverrechnung:
Nach § 1612b BGB ist das Kindergeld zwischen den Eltern durch Verrechnung mit dem Kindesunterhalt auszugleichen.
Kind 1
Kindergeldausgleich wird vermindert, weil 135% des Regelbetrags unterschritten sind:

77 – (384 – 43) =	-264,00 €

kein Kindergeldausgleich
Kind 2
Kindergeldausgleich wird vermindert, weil 135% des Regelbetrags unterschritten sind:

77 – (326 – 36) =	-213,00 €

kein Kindergeldausgleich
Wenn der Unterhalt des eines minderjährigen Kindes 135% des Regelbetrag unterschreitet, ist er nach § 1612b V BGB durch eine Verringerung der Kindergeldanrechnung aufzufüllen.

Nach der Rechtsprechung des BGH ist das bei der Unterhaltsbestimmung gewonnene Rechenergebnis jeweils auf seine Angemesssenheit zu überprüfen. Dem dient die folgende Übersicht über das wirtschaftliche Ergebnis.

Verteilungsergebnis:

Ehemann	840,00 €
Ehefrau	235,00 €
(davon ant. Kindergeld 154)	
Kind(er):	233,00 €
(davon Kindergeld 154)	

Die im folgenden ausgewiesenen Zahlungen sind an Berechtigte zu leisten, die mit dem Unterhaltspflichtigen nicht im gleichen Haushalt leben.

Zahlungspflichten von Ehemann
gegenüber den folgenden Berechtigten:

Kind 1	43,00 €
entsprechend	15,1%
des Regelbetrags der Altersstufe 3	
von derzeit	284,00 €
Kind 2	36,00 €
entsprechend	14,9%
des Regelbetrags der Altersstufe 2	
von derzeit	241,00 €
Ehefrau	81,00 €
Summe:	160,00 €

Beispiel 1 a:

- Ehemann monatlicher Netto-Verdienst 4000,– €
- Ehefrau kein Einkommen, eigener Haushalt, bezieht das Kindergeld
- Zwei Kinder, 15 und 7 Jahre alt, leben bei der Mutter

Berechnung des Unterhalts

Grunddaten:
Die Berechnung legt die folgenden Verhältnisse zugrunde:

Pflichtiger:
Name: Ehemann
Einkommen (ohne Kindergeld) .... 4000,00 €

Kinder:
1. Kind: Alter 15 Jahre
Der Bedarf bestimmt sich nach der Kindesunterhaltstabelle.
Hälftiges Kindergeld nach § 1612 b I, V BGB anzurechnen 77,00 €
2. Kind: Alter 7 Jahre
Der Bedarf bestimmt sich nach der Kindesunterhaltstabelle.
Hälftiges Kindergeld nach § 1612 b I, V BGB anzurechnen 77,00 €

Gatte:
Name: Ehefrau
Einkommen (ohne Kindergeld) .... 0,00 €

Unterhaltsberechnung:
Bei der Bemessung des Bedarfs eines Kindes im Haushalt eines Elternteils legen die Gerichte die Düsseldorfer Tabelle oder eine vergleichbare Kindesunterhaltstabelle der neuen Bundesländer zu Grunde. Diese bestimmen den

Unterhalt in Abhängigkeit vom Einkommen des Pflichtigen nach der Altersstufe des Kindes und der Eingruppierung des Pflichtigen in eine bestimmte Einkommensgruppe. Aus dem Einkommen des Pflichtigen von 4000,00 € ergibt sich
Kindesunterhalt nach der Düsseldorfer Tabelle, Stand 03
Gruppe 11: 3600–4000 BKB: 1500

Kindesunterhalt:

Kind 1	512,00 €
Kind 2	434,00 €
insgesamt prägend	946,00 €

Gattenunterhalt:
Da nur der Pflichtige über ein die ehelichen Lebensverhältnisse prägendes Einkommen verfügt, richtet sich der Bedarf nur nach seinem Einkommen. Kindesunterhalt, der die ehelichen Lebensverhältnisse prägt, ist vorweg vom Einkommen abzuziehen, wenn nicht ein Mangelfall vorliegt (BGH FamRZ 2003, 363). Wenn das prägende Einkommen auf Erwerbstätigkeit beruht, steht dem, der es bezieht, vorab ein Anteil desselben als Erwerbsbonus zu, wodurch nicht bezifferbare Belastungen erfasst und auch ein Erwerbsanreiz geschaffen werden soll.

Einkommen des Pflichtigen:

prägendes Einkommen	4000,00 €
prägender Kindesunterhalt	–946,00 €
Einkommen des Pflichtigen	3054,00 €
Quotenunterhalt 3/7	**1309,00 €**
bleibt	1745,00 €

Kindergeldverrechnung:
Nach § 1612 b BGB ist das Kindergeld zwischen den Eltern durch Verrechnung mit dem Kindesunterhalt auszugleichen.

Kind 1	
512–77 =	435,00 €
Kind 2	
434–77 =	357,00 €

Nach der Rechtsprechung des BGH ist das bei der Unterhaltsbestimmung gewonnene Rechenergebnis jeweils auf seine Angemesssenheit zu überprüfen. Dem dient die folgende Übersicht über das wirtschaftliche Ergebnis.

Verteilungsergebnis:

Ehemann	1899,00 €
(davon ant. Kindergeld 154)	
Ehefrau	1463,00 €
(davon ant. Kindergeld 154)	
Kind(er):	946,00 €

Die im folgenden ausgewiesenen Zahlungen sind an Berechtigte zu leisten, die mit dem Unterhaltspflichtigen nicht im gleichen Haushalt leben.

Zahlungspflichten von Ehemann
gegenüber den folgenden Berechtigten:

Kind 1	435,00 €
entsprechend 180% des Regelbetrags der Altersstufe 3 von derzeit	284,00 €
abzüglich Kindergeld	77,00 €
Kind 2	357,00 €
entsprechend 180% des Regelbetrags der Altersstufe 2 von derzeit	241,00 €
abzüglich Kindergeld	77,00 €
Ehefrau	1309,00 €
Summe:	2101,00 €

Beispiel 2:

- Ehemann monatlicher Netto-Verdienst 2500,– €
- Ehefrau monatliches Netto-Einkommen 1000,– €, eigener Haushalt, bezieht das Kindergeld
- Zwei Kinder, 15 und 7 Jahre alt, leben bei der Mutter

Berechnung des Unterhalts

Grunddaten:
Die Berechnung legt die folgenden Verhältnisse zugrunde:

Pflichtiger:
Name: Ehemann
Einkommen (ohne Kindergeld) .... 2500,00 €

Kinder:
1. Kind: Alter 15 Jahre
Der Bedarf bestimmt sich nach der Kindesunterhaltstabelle.
Hälftiges Kindergeld nach § 1612 b I, V BGB anzurechnen 77,00 €
2. Kind: Alter 7 Jahre
Der Bedarf bestimmt sich nach der Kindesunterhaltstabelle.
Hälftiges Kindergeld nach § 1612 b I, V BGB anzurechnen 77,00 €

Gatte:
Name: Ehefrau
Einkommen (ohne Kindergeld) .... 1000,00 €

Unterhaltsberechnung:
Bei der Bemessung des Bedarfs eines Kindes im Haushalt eines Elternteils legen die Gerichte die Düsseldorfer Tabelle oder eine vergleichbare Kindes-

unterhaltstabelle der neuen Bundesländer zu Grunde. Diese bestimmen den Unterhalt in Abhängigkeit vom Einkommen des Pflichtigen nach der Altersstufe des Kindes und der Eingruppierung des Pflichtigen in eine bestimmte Einkommensgruppe. Aus dem Einkommen des Pflichtigen von 2500,00 € ergibt sich
Kindesunterhalt nach der Düsseldorfer Tabelle, Stand 03
Gruppe 7: 2300–2500 BKB: 1150

Kindesunterhalt:

Kind 1	404,00 €
Kind 2	343,00 €
insgesamt prägend	747,00 €

Gattenunterhalt:
Da beide Ehegatten über prägende Einkünfte verfügen, bemisst sich ihr Bedarf nach den beiderseitigen prägenden Einkünften. Die Berechnung des Unterhaltsbedarfs des berechtigten Gatten wird dadurch verkürzt, dass die Gattenquote aus der Differenz der beiderseitigen prägenden Einkünfte gebildet wird. Kindesunterhalt, der die ehelichen Lebensverhältnisse prägt, ist vorweg vom Einkommen abzuziehen, wenn nicht ein Mangelfall vorliegt (BGH FamRZ 2003, 363). Wenn das prägende Einkommen auf Erwerbstätigkeit beruht, steht dem, der es bezieht, vorab ein Anteil desselben als Erwerbsbonus zu, wodurch nicht bezifferbare Belastungen erfasst und auch ein Erwerbsanreiz geschaffen werden soll.

Einkommen des Pflichtigen:

prägendes Einkommen	2500,00 €
prägender Kindesunterhalt	–747,00 €
Einkommen des Pflichtigen	1753,00 €
Einkommen des Gatten	–1000,00 €
Differenz	753,00 €
Quotenunterhalt 3/7	**323,00 €**
bleibt	1430,00 €

Kindergeldverrechnung:
Nach § 1612 b BGB ist das Kindergeld zwischen den Eltern durch Verrechnung mit dem Kindesunterhalt auszugleichen.

Kind 1	
404–77 =	327,00 €
Kind 2	
343–77 =	266,00 €

Nach der Rechtsprechung des BGH ist das bei der Unterhaltsbestimmung gewonnene Rechenergebnis jeweils auf seine Angemesssenheit zu überprüfen. Dem dient die folgende Übersicht über das wirtschaftliche Ergebnis.

Verteilungsergebnis:

Ehemann	1584,00 €
(davon ant. Kindergeld 154)	
Ehefrau	1477,00 €
(davon ant. Kindergeld 154)	
Kind(er):	747,00 €

Die im folgenden ausgewiesenen Zahlungen sind an Berechtigte zu leisten, die mit dem Unterhaltspflichtigen nicht im gleichen Haushalt leben.

Zahlungspflichten von Ehemann
gegenüber den folgenden Berechtigten:

Kind 1	327,00 €
entsprechend 142% des Regelbetrags der Altersstufe 3	
von derzeit	284,00 €
abzüglich Kindergeld	77,00 €
Kind 2	266,00 €
entsprechend 142% des Regelbetrags der Altersstufe 2	
von derzeit	241,00 €
abzüglich Kindergeld	77,00 €
Ehefrau	323,00 €
Summe:	916,00 €

Beispiel 3:

- Ehemann monatlicher Netto-Verdienst 3000,– €
- Ehefrau kein Einkommen, eigener Haushalt, bezieht das Kindergeld
- Drei Kinder, 19 (Schüler), 15 und 10 Jahre alt, leben bei der Mutter

Berechnung des Unterhalts

Grunddaten:
Die Berechnung legt die folgenden Verhältnisse zugrunde:

Pflichtiger:
Name: Ehemann
Einkommen (ohne Kindergeld) .... 3000,00 €

Kinder:
1. Kind: Alter 19 Jahre
Der Bedarf bestimmt sich nach der Kindesunterhaltstabelle.
Das Kind lebt zu Haus und besucht eine allgemeinbildende Schule.
Hälftiges Kindergeld nach § 1612 b I, V BGB anzurechnen 77,00 €
2. Kind: Alter 15 Jahre
Der Bedarf bestimmt sich nach der Kindesunterhaltstabelle.
Hälftiges Kindergeld nach § 1612 b I, V BGB anzurechnen 77,00 €

3. Kind: Alter 10 Jahre
Der Bedarf bestimmt sich nach der Kindesunterhaltstabelle.
Hälftiges Kindergeld nach § 1612 b I, V BGB anzurechnen 77,00 €

Gatte:
Name: Ehefrau
Einkommen (ohne Kindergeld) .... 0,00 €

Unterhaltsberechnung:
Bei der Bemessung des Bedarfs eines Kindes im Haushalt eines Elternteils legen die Gerichte die Düsseldorfer Tabelle oder eine vergleichbare Kindesunterhaltstabelle der neuen Bundesländer zu Grunde. Diese bestimmen den Unterhalt in Abhängigkeit vom Einkommen des Pflichtigen nach der Altersstufe des Kindes und der Eingruppierung des Pflichtigen in eine bestimmte Einkommensgruppe. Aus dem Einkommen des Pflichtigen von .... 3000,00 €
ergibt sich
Kindesunterhalt nach der Düsseldorfer Tabelle, Stand 03
Gruppe 9: 2800–3200 BKB: 1300
Abschlag –1
Gruppe 8: 2500–2800 BKB: 1200
Die Eingruppierung war zu ändern, weil der Sachverhalt vom Standardfall der der Düsseldorfer Tabelle, nämlich einer Unterhaltspflicht gegenüber einem Ehegatten und zwei Kindern (Düsseldorfer Tabelle A.1.) abweicht.

Kindesunterhalt:

Kind 1	491,00 €
Kind 2	426,00 €
Kind 3	362,00 €
insgesamt prägend	1279,00 €

Gattenunterhalt:
Da nur der Pflichtige über ein die ehelichen Lebensverhältnisse prägendes Einkommen verfügt, richtet sich der Bedarf nur nach seinem Einkommen. Kindesunterhalt, der die ehelichen Lebensverhältnisse prägt, ist vorweg vom Einkommen abzuziehen, wenn nicht ein Mangelfall vorliegt (BGH FamRZ 2003, 363). Wenn das prägende Einkommen auf Erwerbstätigkeit beruht, steht dem, der es bezieht, vorab ein Anteil desselben als Erwerbsbonus zu, wodurch nicht bezifferbare Belastungen erfasst und auch ein Erwerbsanreiz geschaffen werden soll.

Einkommen des Pflichtigen:

prägendes Einkommen	3000,00 €
prägender Kindesunterhalt	–1279,00 €
Einkommen des Pflichtigen	1721,00 €
Quotenunterhalt 3/7	**738,00 €**
bleibt	983,00 €

Kindergeldverrechnung:
Nach § 1612 b BGB ist das Kindergeld zwischen den Eltern durch Verrechnung mit dem Kindesunterhalt auszugleichen.

Kind 1
491 – 77 = ... 414,00 €
Kind 2
426 – 77 = ... 349,00 €
Kind 3
362 – 77 = ... 285,00 €

Nach der Rechtsprechung des BGH ist das bei der Unterhaltsbestimmung gewonnene Rechenergebnis jeweils auf seine Angemesssenheit zu überprüfen. Dem dient die folgende Übersicht über das wirtschaftliche Ergebnis.

Verteilungsergebnis:

Ehemann .... 1214,00 €
(davon ant. Kindergeld 231)
Ehefrau .... 969,00 €
(davon ant. Kindergeld 231)
Kind(er): .... 1279,00 €

Die im folgenden ausgewiesenen Zahlungen sind an Berechtigte zu leisten, die mit dem Unterhaltspflichtigen nicht im gleichen Haushalt leben.

Zahlungspflichten von Ehemann
gegenüber den folgenden Berechtigten:

Kind 1 .... 414,00 €
Kind 2 .... 349,00 €
entsprechend 150%
des Regelbetrags der Altersstufe 3
von derzeit .... 284,00 €
abzüglich Kindergeld .... 77,00 €
Kind 3 .... 285,00 €
entsprechend 150%
des Regelbetrags der Altersstufe 2
von derzeit .... 241,00 €
abzüglich Kindergeld .... 77,00 €
Ehefrau .... 738,00 €

Summe: .... 1786,00 €

Beispiel 4:

Ehemann monatlicher Netto-Verdienst 2500,– €
Ehefrau monatliches Netto-Einkommen 750,– €, eigener Haushalt, bezieht das Kindergeld
ein Kind, 15 Jahre alt, lebt bei der Mutter

Berechnung des Unterhalts

Grunddaten:
Die Berechnung legt die folgenden Verhältnisse zugrunde:

Pflichtiger:
Name: Ehemann
Einkommen (ohne Kindergeld) .... 2500,00 €

Kinder:
1. Kind: Alter 15 Jahre
Der Bedarf bestimmt sich nach der Kindesunterhaltstabelle.
Hälftiges Kindergeld nach § 1612 b I, V BGB anzurechnen 77,00 €

Gatte:
Name: Ehefrau
Einkommen (ohne Kindergeld) .... 750,00 €

Unterhaltsberechnung:
Bei der Bemessung des Bedarfs eines Kindes im Haushalt eines Elternteils legen die Gerichte die Düsseldorfer Tabelle oder eine vergleichbare Kindesunterhaltstabelle der neuen Bundesländer zu Grunde. Diese bestimmen den Unterhalt in Abhängigkeit vom Einkommen des Pflichtigen nach der Altersstufe des Kindes und der Eingruppierung des Pflichtigen in eine bestimmte Einkommensgruppe. Aus dem Einkommen des Pflichtigen von .... 2500,00 €
ergibt sich
Kindesunterhalt nach der Düsseldorfer Tabelle, Stand 03
Gruppe 7: 2300–2500 BKB: 1150
Zuschlag 1
Gruppe 8: 2500–2800 BKB: 1200
Die Eingruppierung war zu ändern, weil der Sachverhalt vom Standardfall der der Düsseldorfer Tabelle, nämlich einer Unterhaltspflicht gegenüber einem Ehegatten und zwei Kindern (Düsseldorfer Tabelle A.1.) abweicht.

Kindesunterhalt:
Kind 1 .... 426,00 €

Gattenunterhalt:
Da beide Ehegatten über prägende Einkünfte verfügen, bemisst sich ihr Bedarf nach den beiderseitigen prägenden Einkünften. Die Berechnung des Unterhaltsbedarfs des berechtigten Gatten wird dadurch verkürzt, dass die Gattenquote aus der Differenz der beiderseitigen prägenden Einkünfte gebildet wird. Kindesunterhalt, der die ehelichen Lebensverhältnisse prägt, ist vorweg vom Einkommen abzuziehen, wenn nicht ein Mangelfall vorliegt (BGH FamRZ 2003, 363). Wenn das prägende Einkommen auf Erwerbstätigkeit beruht, steht dem, der es bezieht, vorab ein Anteil desselben als Erwerbsbonus zu, wodurch nicht bezifferbare Belastungen erfasst und auch ein Erwerbsanreiz geschaffen werden soll.

Einkommen des Pflichtigen:

prägendes Einkommen	2500,00 €
prägender Kindesunterhalt	–426,00 €
Einkommen des Pflichtigen	2074,00 €
Einkommen des Gatten	–750,00 €
Differenz	1324,00 €
Quotenunterhalt 3/7	**567,00 €**
bleibt	1507,00 €

Kindergeldverrechnung:

Nach § 1612 b BGB ist das Kindergeld zwischen den Eltern durch Verrechnung mit dem Kindesunterhalt auszugleichen.

Kind 1	
426 – 77 =	349,00 €

Nach der Rechtsprechung des BGH ist das bei der Unterhaltsbestimmung gewonnene Rechenergebnis jeweils auf seine Angemesssenheit zu überprüfen. Dem dient die folgende Übersicht über das wirtschaftliche Ergebnis.

Verteilungsergebnis:

Ehemann	1584,00 €
(davon ant. Kindergeld 77)	
Ehefrau	1394,00 €
(davon ant. Kindergeld 77)	
Kind(er):	426,00 €

Die im folgenden ausgewiesenen Zahlungen sind an Berechtigte zu leisten, die mit dem Unterhaltspflichtigen nicht im gleichen Haushalt leben.

Zahlungspflichten von Ehemann

gegenüber den folgenden Berechtigten:

Kind 1	349,00 €
entsprechend 150%	
des Regelbetrags der Altersstufe 3	
von derzeit	284,00 €
abzüglich Kindergeld	77,00 €
Ehefrau	567,00 €
Summe:	916,00 €

Beispiel 4 a:

Ehemann monatlicher Netto-Verdienst 5000,– €
Ehefrau monatliches Netto-Einkommen 750,– €, eigener Haushalt, bezieht das Kindergeld
ein Kind, 15 Jahre alt, lebt bei der Mutter

Berechnung des Unterhalts

Grunddaten:
Die Berechnung legt die folgenden Verhältnisse zugrunde:

Pflichtiger:
Name: Ehemann
Einkommen (ohne Kindergeld) .... 5000,00 €

Kinder:
1. Kind: Alter 15 Jahre
Der Bedarf bestimmt sich nach der Kindesunterhaltstabelle.
Hälftiges Kindergeld nach § 1612 b I, V BGB anzurechnen 77,00 €

Gatte:
Name: Ehefrau
Einkommen (ohne Kindergeld) .... 750,00 €

Unterhaltsberechnung:
Bei der Bemessung des Bedarfs eines Kindes im Haushalt eines Elternteils legen die Gerichte die Düsseldorfer Tabelle oder eine vergleichbare Kindesunterhaltstabelle der neuen Bundesländer zu Grunde. Diese bestimmen den Unterhalt in Abhängigkeit vom Einkommen des Pflichtigen nach der Altersstufe des Kindes und der Eingruppierung des Pflichtigen in eine bestimmte Einkommensgruppe. Aus dem Einkommen des Pflichtigen von 5000,00 € ergibt sich
Kindesunterhalt nach der Düsseldorfer Tabelle, Stand 03
Gruppe 13: 4400–4800 BKB: 1700

Kindesunterhalt:
Kind 1 .... 568,00 €

Gattenunterhalt:
Da beide Ehegatten über prägende Einkünfte verfügen, bemisst sich ihr Bedarf nach den beiderseitigen prägenden Einkünften. Die Berechnung des Unterhaltsbedarfs des berechtigten Gatten wird dadurch verkürzt, dass die Gattenquote aus der Differenz der beiderseitigen prägenden Einkünfte gebildet wird. Kindesunterhalt, der die ehelichen Lebensverhältnisse prägt, ist vorweg vom Einkommen abzuziehen, wenn nicht ein Mangelfall vorliegt (BGH FamRZ 2003, 363). Wenn das prägende Einkommen auf Erwerbstätigkeit beruht, steht dem, der es bezieht, vorab ein Anteil desselben als

Erwerbsbonus zu, wodurch nicht bezifferbare Belastungen erfasst und auch ein Erwerbsanreiz geschaffen werden soll.

Einkommen des Pflichtigen:

prägendes Einkommen	5000,00 €
prägender Kindesunterhalt	–568,00 €
Einkommen des Pflichtigen	4432,00 €
Einkommen des Gatten	–750,00 €
Differenz	3682,00 €
Quotenunterhalt 3/7	**1578,00 €**
bleibt	2854,00 €

Kindergeldverrechnung:
Nach § 1612 b BGB ist das Kindergeld zwischen den Eltern durch Verrechnung mit dem Kindesunterhalt auszugleichen.
Kind 1

568 – 77 =	491,00 €

Nach der Rechtsprechung des BGH ist das bei der Unterhaltsbestimmung gewonnene Rechenergebnis jeweils auf seine Angemesssenheit zu überprüfen. Dem dient die folgende Übersicht über das wirtschaftliche Ergebnis.

Verteilungsergebnis:

Ehemann	2931,00 €
(davon ant. Kindergeld 77)	
Ehefrau	2405,00 €
(davon ant. Kindergeld 77)	
Kind(er):	568,00 €

Die im folgenden ausgewiesenen Zahlungen sind an Berechtigte zu leisten, die mit dem Unterhaltspflichtigen nicht im gleichen Haushalt leben.

Zahlungspflichten von Ehemann
gegenüber den folgenden Berechtigten:

Kind 1	491,00 €
entsprechend 200%	
des Regelbetrags der Altersstufe 3	
von derzeit	284,00 €
abzüglich Kindergeld	77,00 €
Ehefrau	1578,00 €
Summe:	2069,00 €

Beispiel 5:

Ehemann monatlicher Netto-Verdienst 1350,– €
Ehefrau kein Einkommen, eigener Haushalt, bezieht das Kindergeld
ein Kind, 3 Jahre alt, lebt bei der Mutter

Berechnung des Unterhalts

Grunddaten:
Die Berechnung legt die folgenden Verhältnisse zugrunde:

Pflichtiger:
Name: Ehemann
Einkommen (ohne Kindergeld) .... 1350,00 €

Kinder:
1. Kind: Alter 3 Jahre
Der Bedarf bestimmt sich nach der Kindesunterhaltstabelle.
Hälftiges Kindergeld nach § 1612 b I, V BGB anzurechnen 77,00 €

Gatte:
Name: Ehefrau
Einkommen (ohne Kindergeld) .... 0,00 €

Unterhaltsberechnung:
Bei der Bemessung des Bedarfs eines Kindes im Haushalt eines Elternteils legen die Gerichte die Düsseldorfer Tabelle oder eine vergleichbare Kindesunterhaltstabelle der neuen Bundesländer zu Grunde. Diese bestimmen den Unterhalt in Abhängigkeit vom Einkommen des Pflichtigen nach der Altersstufe des Kindes und der Eingruppierung des Pflichtigen in eine bestimmte Einkommensgruppe. Aus dem Einkommen des Pflichtigen von .... 1350,00 €
ergibt sich
Kindesunterhalt nach der Düsseldorfer Tabelle, Stand 03
Gruppe 2: 1300–1500 BKB: 900
Zuschlag 1
Gruppe 3: 1500–1700 BKB: 950
Die Eingruppierung war zu ändern, weil der Sachverhalt vom Standardfall der Düsseldorfer Tabelle, nämlich einer Unterhaltspflicht gegenüber einem Ehegatten und zwei Kindern (Düsseldorfer Tabelle A.1.) abweicht.

Kindesunterhalt:
Kind 1 .... 227,00 €

Gattenunterhalt:
Da nur der Pflichtige über ein die ehelichen Lebensverhältnisse prägendes Einkommen verfügt, richtet sich der Bedarf nur nach seinem Einkommen. Kindesunterhalt, der die ehelichen Lebensverhältnisse prägt, ist vorweg

vom Einkommen abzuziehen, wenn nicht ein Mangelfall vorliegt (BGH FamRZ 2003, 363). Wenn das prägende Einkommen auf Erwerbstätigkeit beruht, steht dem, der es bezieht, vorab ein Anteil desselben als Erwerbsbonus zu, wodurch nicht bezifferbare Belastungen erfasst und auch ein Erwerbsanreiz geschaffen werden soll.

Einkommen des Pflichtigen:

prägendes Einkommen	1350,00 €
prägender Kindesunterhalt	–227,00 €
Einkommen des Pflichtigen	1123,00 €
Quotenunterhalt 3/7	**481,00 €**
bleibt	642,00 €
Vorabzug prägenden Kindesunterhalts wegen Mangels vermindert auf	0,00 €

Nach der Rechtsprechung des BGH führt der Vorwegabzug des Kindesunterhalts nicht zu einer angemessenen Bestimmung des Gattenunterhalts, wenn eine Mangellage gegeben ist. In diesem Fall unterbleibt deshalb der Vorabzug (BGH FamRZ 2003, 363).

Gattenunterhalt:

Da nur der Pflichtige über ein die ehelichen Lebensverhältnisse prägendes Einkommen verfügt, richtet sich der Bedarf nur nach seinem Einkommen.

Einkommen des Pflichtigen:

prägendes Einkommen	1350,00 €
Quotenunterhalt 3/7	**579,00 €**

Entfällt wegen der Mangellage der Vorwegabzug des Kindesunterhalts, dann kann sich ein überhöhter Bedarf der Gatten errechnen. Dieser ist deshalb nach BGH FamRZ 2003, 363 nach oben auf den Betrag zu begrenzen, der sich ergibt, wenn man den Selbstbehalt im Verhältnis von 100% zu 135% vermindert: höchstens 730/135% .... 541,00 €

bleibt .... 544,00 €

Mangelfall:

Bei der Verteilung des verfügbaren Betrags sind nach BGH FamRZ 2003, 363 nicht die unter Berücksichtigung der eingeschränkten Verhältnisse ermittelten Bedarfssätze, sondern angemessene Unterhaltsbeträge als Einsatzbeträge für die Quotierung zu wählen und zwar für die Kinder 135% des Regelbetrags und für den Gatten sein notwendiger Selbstbehalt. Daraus ergeben sich folgende Einsatzbeträge:

Kind 1	269,00 €
Ehefrau	730,00 €
Summe	999,00 €

verteilungsfähig	
Einkommen	1350,00 €
Selbstbehalt	−840,00 €
	510,00 €
Kürzung auf 510/999 = 51%	
Kind 1	137,00 €
Ehefrau	372,00 €
dem Pflichtigen bleibt	841,00 €

Kindergeldverrechnung:

Nach § 1612 b BGB ist das Kindergeld zwischen den Eltern durch Verrechnung mit dem Kindesunterhalt auszugleichen.

Kind 1

Kindergeldausgleich wird vermindert, weil 135% des Regelbetrags unterschritten sind:

77 − (269 − 137) = ... −55,00 €

kein Kindergeldausgleich

Wenn der Unterhalt des eines minderjährigen Kindes 135% des Regelbetrag unterschreitet, ist er nach § 1612 b V BGB durch eine Verringerung der Kindergeldanrechnung aufzufüllen.

Nach der Rechtsprechung des BGH ist das bei der Unterhaltsbestimmung gewonnene Rechenergebnis jeweils auf seine Angemesssenheit zu überprüfen. Dem dient die folgende Übersicht über das wirtschaftliche Ergebnis.

Verteilungsergebnis:

Ehemann	841,00 €
Ehefrau	449,00 €
(davon ant. Kindergeld 77)	
Kind(er):	214,00 €
(davon Kindergeld 77)	

Die im folgenden ausgewiesenen Zahlungen sind an Berechtigte zu leisten, die mit dem Unterhaltspflichtigen nicht im gleichen Haushalt leben.

Zahlungspflichten von Ehemann

gegenüber den folgenden Berechtigten:

Kind 1	137,00 €
entsprechend 68,8% des Regelbetrags der Altersstufe 1 von derzeit	199,00 €
Ehefrau	372,00 €
Summe:	509,00 €

Beispiel 6:

Ehemann monatlicher Netto-Verdienst 1350,– €
Ehefrau monatliches Netto- Einkommen 1100,– €, eigener Haushalt, bezieht das Kindergeld
Ein Kind, 20 Jahre alt, Berufsschüler, Ausbildungsvergütung 350,– €, monatlicher Aufwand für Fahrtkosten, Lernmittel usw. 150,– €

Berechnung des Unterhalts

Grunddaten:
Die Berechnung legt die folgenden Verhältnisse zugrunde:

Pflichtiger:
Name: Ehemann
Einkommen (ohne Kindergeld) .... 1350,00 €

Kinder:
1. Kind: Alter 20 Jahre
Der Bedarf bestimmt sich nach der Kindesunterhaltstabelle.
Ausbildungsvergütung .... 350,00 €
abzügl. Aufwand .... 150,00 €
anzurechnen .... 200,00 €
Hälftiges Kindergeld nach § 1612 b I, V BGB anzurechnen 77,00 €

Gatte:
Name: Ehefrau
Einkommen (ohne Kindergeld) .... 1100,00 €

Unterhaltsberechnung:
Bei der Bemessung des Bedarfs eines Kindes im Haushalt eines Elternteils legen die Gerichte die Düsseldorfer Tabelle oder eine vergleichbare Kindesunterhaltstabelle der neuen Bundesländer zu Grunde. Diese bestimmen den Unterhalt in Abhängigkeit vom Einkommen des Pflichtigen nach der Altersstufe des Kindes und der Eingruppierung des Pflichtigen in eine bestimmte Einkommensgruppe. Aus dem Einkommen des Pflichtigen von 1350,00 € ergibt sich
Kindesunterhalt nach der Düsseldorfer Tabelle, Stand 03
Gruppe 2: 1300–1500 BKB: 900
Zuschlag 1
Gruppe 3: 1500–1700 BKB: 950
Die Eingruppierung war zu ändern, weil der Sachverhalt vom Standardfall der der Düsseldorfer Tabelle, nämlich einer Unterhaltspflicht gegenüber einem Ehegatten und zwei Kindern (Düsseldorfer Tabelle A.1.) abweicht.

Kindesunterhalt:
Kind 1
373–200 = ... 173,00 €

Gattenunterhalt:
Da beide Ehegatten über prägende Einkünfte verfügen, bemisst sich ihr Bedarf nach den beiderseitigen prägenden Einkünften. Die Berechnung des Unterhaltsbedarfs des berechtigten Gatten wird dadurch verkürzt, dass die Gattenquote aus der Differenz der beiderseitigen prägenden Einkünfte gebildet wird. Kindesunterhalt, der die ehelichen Lebensverhältnisse prägt, ist vorweg vom Einkommen abzuziehen, wenn nicht ein Mangelfall vorliegt (BGH FamRZ 2003, 363). Wenn das prägende Einkommen auf Erwerbstätigkeit beruht, steht dem, der es bezieht, vorab ein Anteil desselben als Erwerbsbonus zu, wodurch nicht bezifferbare Belastungen erfasst und auch ein Erwerbsanreiz geschaffen werden soll.

Einkommen des Pflichtigen:

prägendes Einkommen	1350,00 €
prägender Kindesunterhalt	–173,00 €
Einkommen des Pflichtigen	1177,00 €
Einkommen des Gatten	–1100,00 €
Differenz	77,00 €
Quotenunterhalt 3/7	**33,00 €**
bleibt	1144,00 €

Kindergeldverrechnung:
Nach § 1612 b BGB ist das Kindergeld zwischen den Eltern durch Verrechnung mit dem Kindesunterhalt auszugleichen.
Kind 1

173 – 77 =	96,00 €

Nach der Rechtsprechung des BGH ist das bei der Unterhaltsbestimmung gewonnene Rechenergebnis jeweils auf seine Angemesssenheit zu überprüfen. Dem dient die folgende Übersicht über das wirtschaftliche Ergebnis.

Verteilungsergebnis:

Ehemann	1221,00 €
(davon ant. Kindergeld 77)	
Ehefrau	1210,00 €
(davon ant. Kindergeld 77)	
Kind(er):	373,00 €
(davon Kindeseinkommen 200)	

Die im folgenden ausgewiesenen Zahlungen sind an Berechtigte zu leisten, die mit dem Unterhaltspflichtigen nicht im gleichen Haushalt leben.

Zahlungspflichten von Ehemann
gegenüber den folgenden Berechtigten:

Kind 1	96,00 €
Ehefrau	33,00 €
Summe:	129,00 €

Aus dem Verlagsprogramm